W0221109

MA DIFFÉRENCE
EST MA FORCE

MA DIFFÉRENCE EST MA FORCE

ROMAIN BRIFAULT

avec Sébastien Bailly

City
Témoignage

© **City Editions 2018**
Couverture : Shutterstock/Studio City

ISBN : 978-2-8246-1213-3
Code Hachette : 27 8504 1

Collection dirigée par Christian English et Frédéric Thibaud
Catalogues et manuscrits : city-editions.com

Conformément au Code de la Propriété Intellectuelle, il est interdit de reproduire intégralement ou partiellement le présent ouvrage, et ce, par quelque moyen que ce soit, sans l'autorisation préalable de l'éditeur.

Dépôt légal : Octobre 2018

Cela semble toujours impossible
tant que ce n'est pas fait.

Nelson Mandela

Avant-propos

Ce livre est né d'une rencontre. Journaliste, j'ai brossé le portrait de Romain Brifault pour *Ouest-France*. Ni l'autisme ni la mode ne font partie de mon univers. Mais j'ai d'abord rencontré quelqu'un. Quelqu'un de beau, de sincère et d'incroyablement talentueux.

Un article, c'est bien. Mais c'est court. Et Romain méritait plus. Qu'on prenne le temps de faire vraiment connaissance, qu'on prenne le temps d'écouter son histoire.

Elle ne fait que commencer. Mais ce sont déjà tellement d'épreuves surmontées pour tracer son destin, et tellement de perspectives ouvertes à force de volonté.

Lors de la rédaction de mon article, j'ai parlé aux proches de Romain, à ceux qui l'avaient croisé. Et j'ai été intrigué par ce que Romain provoque chez ceux qui le rencontrent : de la bienveillance, de la sympathie, de l'affection, de l'admiration.

J'ai passé avec lui le temps des entretiens nécessaire à la rédaction de son livre. J'ai fait la connaissance d'une personne riche et volontaire, un de ces personnages positifs qu'on ne croise pas si souvent et qui nous renvoient à ce que nous sommes nous-mêmes.

Ce livre est son livre. Je ne suis que le porte-plume des échanges que nous avons eus. Un porte-plume fier d'avoir partagé ces moments avec Romain Brifault, heureux que vous puissiez faire connaissance avec lui, confiant dans la suite de son parcours.

Sébastien Bailly

1

Ma naissance

Naître. Quatre sages-femmes associent leurs efforts pour me presser vers la sortie, appuyant sur le ventre de maman pour m'obliger à voir le jour. Il faut y aller. Je n'y mets pas du mien.

Puis je refuse de prendre son sein. Le contact humain m'agresse, j'accepte les biberons, mais ils ne feront pas mieux… Je régurgite tous mes repas, je maigris terriblement et je suis à deux doigts d'en mourir. Mes parents en pleurent. Le commencement de l'histoire est brutal. C'est déjà compliqué. Très compliqué. C'est particulier. Le message du début me dit que ma vie sera un combat. Tout le temps. C'est ta vie qui commence, et tu vas devoir te battre. Rien ne te sera donné.

Je préfère le caoutchouc du biberon dans ma bouche. Mais même ça, j'ai du mal. Je rejette tout ce que je mange. C'est dur pour mes parents. Mon corps refuse ce que je tente d'avaler. Un refus. Un reflux.

L'idée commune, c'est qu'on naît forcément avec l'envie de vivre. C'est instinctif, c'est primitif. La première inspiration, le premier contact, le premier repas. Tout le monde est pareil. Mais, pour moi, c'est impossible. Impossible de prendre le sein de ma mère dans ma bouche. Ce n'est pas naturel. Comme si déjà rien n'était inné.

Je suis né en bonne santé. Un beau bébé de 2,8 kg, le 2 août 1993. Mais si vous me demandez quel jour je suis né, je vous répondrai mercredi… C'est ma logique. Vous me demandez un jour, je cherche un jour de la semaine. Vérification faite, le 2 août 1993 était un lundi. Je suis sincèrement désolé de m'être trompé.

C'est l'amour de mes parents qui me donnera la force de me nourrir, de passer outre, d'accepter. Avec beaucoup de douceur, de patience, ils vont me parler, m'encourager, me dire à quel point ils m'ont désiré et sont heureux de m'accueillir. Un jour, ma grand-mère me prend dans ses bras et me parle doucement pour me demander de m'accrocher. Ce sont sans doute tous ces mots d'amour qui me transmettent la force de me battre. Chacun me communique son désir de me voir vivre. La présence et les mots de mon entourage, tout cela résonne en moi et finit par faire tilt. Je n'ai pas le choix. C'est manger ou mourir.

Quand ma famille me raconte cet épisode, des années plus tard, je ressens leur fierté et leur émotion de me voir en pleine forme. Et pour moi, ça vaut tout l'or du monde, le bonheur de mes parents.

2

La maternelle

L'école commence tôt, à deux ans et demi. Certaines maîtresses ne comprennent pas. D'autres sont très compréhensives. Cela se passe plus ou moins bien. Avant ça, il y a eu la crèche. Mais, à la crèche, ma différence n'est pas encore très visible. Les enfants sont tous un peu bizarres. Alors, un peu plus, un peu moins que les autres, est-ce que ça se voit ? Tous des petits zébulons, avec leurs rêves et leurs manies.

Lorsque ma mère rencontre ma maîtresse de petite section de maternelle, elle lui demande un rendez-vous, car je suis un enfant particulier. L'enseignante regarde maman poliment et dit :

— Ah non, non ! Moi, je veux faire connaissance avec les enfants directement, je ne veux pas entendre les parents.

À la fin de la première journée, c'est la maîtresse qui revient vers maman :

— Est-ce qu'on peut se voir ?...

Mon cas est finalement différent des autres, et une

journée suffit largement à s'en rendre compte. Les choses risquent de ne pas se passer comme attendu.

Toutes les maîtresses m'appellent l'« électron libre ». Un surnom qui me va bien. Je me fonds d'abord dans la masse des élèves. Mais me proposer des activités est un peu compliqué. Tout dépend du moment où cela tombe : impossible d'être sûr que je ferai ce qu'on a préparé pour moi lorsqu'on me le demande. Je suis souvent ailleurs. Pas vraiment un modèle de concentration.

On ne peut d'ailleurs pas me quitter des yeux. Je suis capable de sortir en courant d'une boutique où ma mère fait des achats, au risque de me retrouver au milieu de la circulation, sans qu'on sache pourquoi. Après quoi pouvais-je courir ? Je n'ai aucune conscience du danger. Je suis capable de me déshabiller de la tête aux pieds parce que mes vêtements me démangent. Hypersensible, je ne supporte pas les tissus sur ma peau ; alors, pourquoi les garder si je suis bien tout nu ? Je saurai bien plus tard que les autistes sont nombreux dans ce cas.

À cinq ans, je ne tiens toujours pas en place. Impossible de m'arrêter. Mais une chose me maintient calme. Un film, un film que j'ai vu des dizaines de fois. Assis sagement devant la télévision, je suis comme hypnotisé par Pinocchio. Pas le dessin animé de Disney, mais bien un film. Ce pantin de bois, c'est moi. Un enfant différent qui cherche à s'intégrer. Une marionnette sans fil qui se fait remarquer et qui a soif d'aventure. Il est fasciné par les manèges de la fête foraine, et condamné à ne pas mentir. Je me retrouve dans cette incapacité au mensonge. Je ne mens pas. Parfois, je dis que je ne peux pas révéler quelque chose, mais je ne mens pas.

Et puis, il y a Geppetto, un père toujours derrière son fils, prêt à tout donner pour lui et à lui expliquer la vie avec droiture et confiance. C'est une figure de la paternité que je retrouve chez mon père.

Sur une photo de carnaval prise à la maternelle, on voit bien ma différence. Tous les élèves portent un masque coloré. Un masque découpé dans du papier blanc et peint en classe. C'est une farandole, on se tient par la main dans la cour de l'école. Il y a sans doute de la musique, on avance en rythme, tirés les uns par les autres. Un moment festif. Tous les visages sont masqués, sauf un. Le mien. J'ai le regard un peu perdu, tourné vers l'extérieur. Je suis différent. Je n'ai pas découpé le masque, je ne l'ai pas colorié ou j'ai refusé de le porter.

Un jour, lorsque maman vient me chercher, elle remarque un camarade à qui elle trouve un air sympathique. Elle me demande son nom. C'est « copain ». Comme n'importe quel autre. Ils s'appellent tous « copain ». Je n'ai aucun intérêt pour une personne en particulier, je n'ai aucune préférence, ils sont « copain », un point, c'est tout.

J'ai alors une conception assez simple des choses. Je dispose de « parents », « frères », « copains ». Peut-être « amoureuse »... Si une personne me parle : « copain ». Et ça s'arrête là. Pour m'y retrouver, ma tête a créé des cases pour mettre les gens dans une certaine catégorie qui correspond à ce qu'ils représentent pour moi. Ils peuvent m'enguirlander une fois, « copain » quand même. Je ne les confonds pas les uns avec les autres. Mais je ne vais pas jusqu'à éprouver le besoin de distinguer une identité, une fonction suffit. Je sais que je suis semblable à eux, je leur ressemble. Je sais aussi que les gens autour de moi sont tous différents, mais je le suis encore plus. La situation peut sembler un peu compliquée. Mais, surtout, elle m'attriste énormément.

En réalité, ce ne sont pas vraiment des copains. Je ne suis jamais invité à un anniversaire. J'en ai beaucoup souffert toute mon enfance : je voyais mes frères partir. Moi, je restais dans ma chambre à ne rien faire. J'en pleure sans retenue. Je me demande pourquoi la vie m'impose ça. Pourquoi je ne suis pas invité par les gens ? Qu'est-ce qui cloche ? Je pleure, pleure, pleure. C'est un déchirement. Je me demande pourquoi j'ai un cœur, pourquoi je souffre comme ça. C'est vraiment dramatique pour moi. Je vis, pourtant, mais c'est comme si on m'avait coupé quelque chose. J'ignore ce qui me manque, mais cette absence est palpable.

J'entends plein de choses. La méchanceté des enfants n'a pas de limites dans cette période-là de la vie. On m'appelle « le méchant Romain ». Cela ne vient pas de rien. J'aime qu'on me fiche la paix au moins autant que j'ai envie qu'on s'intéresse à moi. Les enfants m'exaspèrent, ils viennent me chercher, sont bruyants, intrusifs. Ils veulent jouer. J'aime être seul, alors, je me débats pour qu'ils s'éloignent, qu'ils arrêtent d'être sur moi. Et j'ai envie d'avoir des amis. Mais tout en étant seul. Il n'y a pas de solution. Parfois, je prends mon courage à deux mains, et je vais vers les autres, et ce sont eux qui me rejettent. Combien de fois je serai rejeté…

J'ai le cœur fendu ; chaque fois que je veux avoir un ami, je n'y arrive pas. Il se détourne, s'envole, perdu à jamais. Je vis vraiment mon enfance comme un mélange de souffrance et de bonheur. La souffrance à laquelle tous les enfants différents sont confrontés dans la cour de récréation, dès le plus jeune âge. L'incompréhension, le rejet, les mots qui font mal et qui martèlent votre quotidien, et le bonheur parce que je suis toujours entouré par ma famille, qui me soutient sans jamais faillir. Même si, par moments, je souffre de ne pas pouvoir comprendre mes parents, leur conception de la vie, celle des gens qui m'entourent, d'une manière générale, la communication avec les adultes est plus à ma portée, moins encombrée par des gestes inattendus et rapides.

Les adultes m'ont toujours semblé beaucoup plus intéressants que les enfants de mon âge, surtout quand je suis seul à seul avec une personne. J'aime discuter d'enfant à adulte.

3

L'école de la vie

Je le découvre à travers ma relation privilégiée avec Grand-mamie. J'ai une adoration particulière pour elle. La maman de mon grand-père. Une personne âgée, très âgée. Depuis toujours, j'aime cette femme. J'aime sa façon d'être, j'aime sa douceur. J'aime la voir avec ses rides. Elle est toujours heureuse, toujours souriante. Elle se déplace peu. C'est une doyenne qui a su transmettre des valeurs très fortes et qui sont ancrées dans ma famille. Elle a six enfants dont mon grand-père. Et elle a une force de compréhension, d'amour, d'empathie : elle voit toujours le bon côté des gens. Je le ressens. Je la prends en exemple et je veux tout faire pour elle. Je me dis qu'il y a des personnes qui sont vraiment très bonnes.

J'ai, tout petit, comme idée d'aider les personnes âgées. Je le dis à maman :

— Si je n'arrive pas à faire quelque chose de ma vie, c'est ce que je ferai.

Accompagner, toujours être présent. Je crois que c'est quelque chose que j'atteins aujourd'hui avec mon travail. J'y trouve un soupçon de ce métier que je ne ferai pas, à travers ma volonté d'aider les personnes différentes. La différence a plusieurs visages : le handicap, la perte d'autonomie… Cette humanité est déjà au fond de moi enfant : si je peux faire des choses pour les personnes ayant des difficultés, je ne vais pas m'en priver. Ce qui compte pour moi, c'est le bonheur des gens.

Je parle beaucoup avec Grand-mamie, beaucoup plus qu'un enfant de cinq ans le fait naturellement. Je veux comprendre ses problèmes. Pourquoi elle ne bouge pas. Ce qu'elle a. Elle m'appelle son « chevalier servant ». Son calme m'interroge et me plaît. Je peux passer des heures avec elle. Elle compte beaucoup pour moi. Elle est sans doute à l'origine de mon envie d'aller vers les autres. C'est une personne en difficulté, et mon côté humain est plus fort que mon simple côté petit garçon. On passe des moments très beaux ensemble. Elle s'intéresse à tout, elle se souvient de tout. Elle discute de tout, avec tout le monde, quel que soit son âge. Elle fêtera ses quatre-vingt-dix ans lorsque j'aurai mes dix ans, et ce sera une journée merveilleuse, toutes générations confondues, pour la mettre à l'honneur et la remercier d'être ce qu'elle est. Mon grand-père le dit encore :

— C'était une femme formidable.

Pour moi, elle avait tout compris du sens à donner à une vie et je m'en inspire toujours.

À la même période, une autre personne compte beaucoup pour moi : Amalia, la sœur de mon père. Elle a l'âge de maman, et c'est le ciment qui s'adapte à chacun dans la famille. Elle a trouvé une force en Dieu qui la tient droite et tournée vers les autres. On partage des moments forts jusqu'à mes quinze ans, à discuter en refaisant le monde. Elle dégage une tranquillité, une bienveillance, une chaleur, une douceur qui m'ont immédiatement mis en confiance. Elle est attentionnée, compréhensive. Je peux tout lui dire sans jamais risquer qu'elle me juge, elle trouve même des solutions pour que j'aille mieux quand j'en ai besoin. Elle voit bien que je suis différent, bien avant que je sois diagnostiqué. Et elle me trouve fascinant. J'ai la chance qu'elle vienne régulièrement passer du temps à la maison même si elle habite loin. Alors, quand elle est là, elle reste plusieurs jours, ce qui nous laisse le temps de parler, souvent en tête-à-tête. Et j'y prends un plaisir immense.

Elle a son premier cancer quand j'ai cinq ans. Et je vois les ravages de la maladie, les conséquences de la chimiothérapie. En face d'un cancer, on s'accroche aux choses les plus fondamentales de la vie, à l'essentiel. On a de longues conversations, presque d'adulte à adulte. Je parle de puissance, je parle d'amour, je parle de ce que je ressens. J'explique comment devrait être le monde. Pas d'argent, que de l'amour. Si, au lieu de se donner de l'argent, on se donnait de l'aide ? Je vois le monde immense, incertain, avec des chemins que tout le monde emprunte sans atteindre la réussite. Qui s'en sort bien dans la vie de tous les jours ? Je vois la misère du monde et nous en parlons. Amalia me raconte comment est le monde extérieur. On partage ces moments de vérité.

C'est très sérieux. On a dû parler des mille sujets les plus importants.

Amalia, comme Grand-mamie, me trouve attachant. Je donne l'impression d'avoir une expérience de la vie qui ne correspond pas à mon âge. Je pose des questions qui sont complètement hors normes. J'ai toujours considéré mes paroles comme très simples et justes. Je vais vraiment au but. Et certaines phrases déroutent pas mal les personnes qui sont autour de moi. Les gens se disent : « Il a de bonnes questions, mais il ne réfléchit pas comme tout le monde. » Et c'est vrai. À la réflexion, mes pensées sont comme mes paroles : simples, justes et sans double message. Les neurotypiques ont plein de subtilités dans leur langage, leur approche des choses est complexe, ce qui rend les relations compliquées, quasiment incompréhensibles pour moi. À cette époque, les choses sont classées dans ma tête en deux catégories : c'est bien, c'est mal. C'est juste, c'est injuste. C'est vrai ou c'est faux. Cela ne peut pas être vrai si c'est faux et inversement. Mon raisonnement est clair, limpide. C'est bien là ma difficulté à comprendre les autres !

Amalia guérit de son cancer. Un miracle ? Elle sait ce qui est bon à prendre dans la vie et ce qui est à rejeter. Ses conseils me suivent jusqu'à aujourd'hui : ne touche jamais à l'alcool, à la drogue… Lorsqu'elle pose sa main sur ma poitrine, elle me dit :

— Romain, tu es un homme qui est bon, fort. Reste bon jusqu'à la fin de ta vie : ce sera ta seule chance de t'en sortir. Tu es exceptionnel, ne change jamais.

Cette main posée sur moi, ces mots, c'est comme une mission qu'elle me confie. Son message est simple :

l'amour peut changer beaucoup de choses. Plus elle m'en parle, plus je me rends compte que c'est la vérité. On n'est pas sur terre pour se faire du mal. On est là pour s'aider et se faire du bien. Trouver des terrains d'entente. Créer un monde meilleur. On n'a qu'une vie, il faut en faire une chose magnifique. C'est un message simple. Il est entré profondément dans ma tête. Et il n'en a pas bougé depuis.

Malheureusement, quelques années plus tard, le cancer revient. Et elle ne gagnera pas ce combat. C'est un moment très triste. Je souffre énormément mais elle m'a demandé de ne pas pleurer le jour de sa mort. Je retiens mes larmes. Elle aurait aimé que nous fassions la fête. C'est très compliqué. Dans ce que je ressens, elle est toujours là. Elle a laissé en moi un message d'amour qui est toujours vivace et qui a une immense importance dans ma vie.

Et puis, il y a ma marraine, Véronique, la petite sœur de mon grand-père. La petite dernière de Grand-mamie, qui n'a que dix ans d'écart avec maman. Véronique et Dominique, son mari, ont quatre beaux enfants, deux filles et deux garçons. Forcément, les familles nombreuses se ressemblent et se comprennent. Véronique et Dominique sont proches de mes parents, et on se voit au moment des fêtes de famille et certaines vacances. Ils habitent loin, eux aussi, dans les Pyrénées. Je noue une relation très privilégiée avec Véronique. Elle voit bien les difficultés de mes parents à me faire comprendre ce que je dois faire ou ne pas faire. Elle voit bien que je ne réagis pas comme son petit dernier, mon cousin Léo, qui n'a que quelques jours d'écart avec moi. Je suis comme une savonnette, je ne reste pas en place et tout glisse sur moi. M'éduquer est un défi de tous les jours. Mais ils m'accueillent tel que je suis, sans juger mes parents, avec qui ils échangent beaucoup, compatissent. Et c'est loin d'être le cas de tout le monde. Le regard des autres sur mon comportement a forcément des répercussions sur mes parents qui sont vite jugés, passent pour des parents laxistes, qui ne font pas ce qu'il faut pour « redresser le tir »… (Le tir, c'est moi !) Eux n'auront jamais ce regard-là, et, du haut de mes quelques années, je le sens aussi. Véronique est précieuse à mes yeux, elle a une place particulière dans mon cœur et je suis fier qu'elle soit ma marraine. Elle est à la hauteur de son statut si particulier pour un enfant et je n'ai pas envie de la décevoir. Notre relation ne changera jamais. Je le sais.

4

Le cours préparatoire

Ma maturité sur la compréhension du monde et des valeurs de la vie ne correspond pas à mon âge et, si cela peut paraître un plus vu de l'extérieur et avec du recul, malheureusement, au quotidien, cela ne sert pas à grand-chose. On attend d'un enfant de six ans qu'il développe ses connaissances dans les matières scolaires afin qu'il soit évalué par rapport à ses apprentissages et sa sociabilisation avec les enfants de son âge. Et là, les difficultés sont au rendez-vous… La souffrance aussi !

J'ai un maître que j'aime bien, il est très apprécié par tous les enfants. J'ai envie de réussir. Je suis tout tendu vers cet objectif, mais je me rends compte que je ne fais pas ce qu'il faut et que je ne comprends pas ce que je dois apprendre. Je n'arrive pas à entrer en relation avec mes camarades. Le CP se passe mal.

Je vois bien la différence avec mon frère Alexandre. Il a deux ans et demi de moins que moi et, pourtant, il a toujours des copains. C'est un peu le ministre de la famille, toujours invité partout. Je vois bien qu'Alexandre discute avec ses copains. Je sais bien que je suis différent. Je sais que je ne peux pas faire comme tout le monde. La vie, c'est un peu comme une piste de danse gigantesque. Alexandre sait tout danser, le twist, le rock, le tango. Il connaît toutes les figures pour briller et plaire aux autres. Et moi, je suis au bord de la piste : je ne connais pas le moindre pas. Je regarde Alexandre et je me dis : « Ah oui, il est bon quand même... » C'est une métaphore, évidemment, parce que je sais danser, mais cela exprime bien ce que je peux ressentir.

Dès l'enfance, mon objectif n'a jamais été d'être comme tout le monde, mais d'arriver à vivre avec les autres.

N'ayant pas les clés, je vis dans des mondes imaginaires. Je regarde beaucoup les nuages par la fenêtre de la classe, je scrute les étoiles le soir dans ma chambre. J'ai toujours tourné la tête vers le ciel. J'ai vu *Star Wars*, la guerre des étoiles. J'imagine des univers parallèles au monde des humains. J'ai envie de m'évader. Je me dis que je ne peux pas vivre dans le monde réel où je n'ai pas ma place. La Terre, je m'en fiche complètement. Tout le monde est pareil, tourné vers soi-même, sans s'ouvrir à la différence, alors que dans *Star Wars* il y a des extraterrestres, des personnages vraiment différents. Et tout le monde se parle. Les extraterrestres et les humains. Je vis comme ça, dans un univers un peu féerique, et je me crée mon monde dans ma tête. C'est magique : il y a des gentils, des méchants. Je me considère un peu comme le côté lumineux et je vis en imagination ma jeune vie de Jedi. J'ai toujours eu cette fascination pour les étoiles, les constellations, dès la maternelle. C'est vite devenu très scientifique. J'ai étudié la galaxie de manière très poussée : Cassiopée, la Grande Ourse, la Petite Ourse... Lorsqu'un sujet me passionne, j'y vais à fond. Je découvre Saturne.

Saturne est une singularité de l'Univers, comme je le suis par rapport au reste de la population. Les débris de roche et la poussière forment un anneau unique qui lui confère cette beauté, cette différence. C'est la seule planète de ce type dans notre système solaire. Cette planète me parle. Elle a des couleurs douces, des choses très jolies en elle. Un climat à la fois chaud et froid. C'est un concentré d'émotions. Je rebaptise mon doudou Saturne après cette découverte. Je recouvre complètement les murs et le plafond de ma chambre d'étoiles phosphorescentes en plastique. Et quand j'éteins la lumière, le soir, je vois les constellations autour de moi. L'Univers est vaste, on peut peupler des planètes, vivre en apesanteur, dans sa bulle. C'est un peu comme ça que je vois alors les choses dans ma tête. C'est merveilleux. Et j'ai le sentiment, dans mes phases de créativité, d'avoir comme cela le cerveau en apesanteur et de m'évader. L'Univers est né d'un big bang, et l'autisme, c'est un peu comme un big bang. Ça nous arrive dessus, on ne sait pas comment faire, et tout est à créer.

Je me considère comme Saturne : différent et gravitant au milieu des autres planètes et des étoiles.

Au fur et à mesure, mes dessins, assez moches au départ, deviennent de plus en plus élaborés. Je ne dessinais pas mieux que les autres lorsque j'ai commencé. C'était même plutôt brouillon. La dextérité vient petit à petit. Je me mets à créer des vaisseaux spatiaux sur des feuilles A4, des vaisseaux de plus en plus complexes, de plus en plus détaillés. Il y en a des piles et des piles et des piles. Je commence de cette façon à exprimer mon univers, ma façon de voir les choses.

Et le dessin est un moyen de me connecter à la vie avec les autres. J'ai le sentiment d'ouvrir une porte vers une communication universelle.

Je suis très curieux aussi. Je cherche toujours le pourquoi du comment. Comment les choses fonctionnent ? Comment on est né ? Je me plonge dans un livre magique qui a changé ma façon de voir les choses : le dictionnaire de l'univers. C'est un livre assez grand, blanc, dans lequel on apprend plein de choses comme la galaxie, la physique, les sciences naturelles, les animaux, le corps humain, les objets de notre quotidien, comme la façon de fabriquer un crayon à papier à partir des arbres et comment se compose le carbone qui va servir de mine. Cela m'a ouvert à des découvertes passionnantes. J'apprends tout de ce livre, c'est pour moi comme une formation accélérée à la vie. C'est comme cela que j'apprends les choses, en fonction de mes centres d'intérêt.

Pourtant, la lecture continue de me demander des efforts terribles. Je dois me forcer à lire. Les mots me bloquent. Et, parfois, à la fin de ma lecture, je n'ai rien compris, rien mémorisé. J'ai tellement besoin de faire d'efforts pour décortiquer chaque mot que j'essaye de décrypter, qu'au final j'en perds le fil du récit. Lire me demande tellement d'énergie que cela me fatigue énormément, sans que cela prenne un sens la plupart du temps. Il vaut mieux me faire regarder un film. Et si l'on veut être efficace, il faut me lire les livres. Mes parents m'apportent beaucoup de leur temps et c'est précieux !

Mon père me lit des histoires le soir aussi. Il me raconte les aventures de Tintin et Milou. On a tous les albums. Mon préféré, évidemment, c'est *On a marché sur la Lune*. Je vois la fusée rouge et blanche décoller, ça me parle encore plus. Je découvre une foule de choses avec mon père. Il joue un rôle très important. Il est discret, mais il est présent. On a un père exceptionnel qui nous a inculqué une droiture d'esprit, une droiture de vie qui fait que j'espère que nous serons bons à marier, mes frères et moi ! On a la chance d'avoir un père et une mère qui nous aiment tous autant qu'on est et qui acceptent nos différences, qu'elles soient plus ou moins grandes, et c'est le plus précieux des trésors.

Mais la réalité me rattrape et, au quotidien, quand je rentre à la maison après l'école, j'ai passé une journée difficile à vivre entouré d'enfants bruyants et de pleins d'autres stimulations qui perturbent ma concentration. Et je sais que le soir, en arrivant à la maison, cela ne suffira pas, il faut que j'apprenne mes leçons. Les larmes… Ça me fend le cœur rien que d'y penser. Je pleure tous les soirs. Je voudrais y arriver. La volonté est là. Mais c'est l'échec. C'est abominable. C'est une souffrance quand on veut être comme les autres et qu'on sent qu'on est différent. Juste le fait de vouloir apprendre les lettres ou les chiffres et que ça ne parle pas. Je ne sais pas ce que j'essaye d'apprendre. Je ne sais pas comment faire. Je ne comprends pas. Je subis un mélange de panique, d'angoisse, de tristesse… Il n'y a aucune émotion positive là-dedans. Aucune. Je suis pris dans un tourment horrifiant et terrifiant. Rien que d'ouvrir le livre de lecture, j'ai les larmes qui coulent. Je sais ce qui m'attend. Heureusement, mes parents ont toujours veillé sur moi et voient ma souffrance. Pendant que maman se démène en réunion et autres démarches pour me venir en aide, se plie en quatre pour adapter mes apprentissages, papa la soulage en s'occupant de mes frères et de l'intendance. Je suis très chronophage. Elle m'aide de façon intuitive et en se renseignant partout sur les méthodes qui existent, en inventant, juste pour moi, pour m'aider à conceptualiser les lettres, les mots, les chiffres. À l'aide d'une corde qu'elle pose au sol, je visualise dans l'espace les formes qu'elle dessine. Je suis le chemin à parcourir en marchant le long de la corde, je mémorise l'image dans l'espace en me déplaçant et j'apprends comme cela les formes des chiffres et des lettres. Avec patience, une patience sans faille, elle me montre, répète et multiplie les techniques pour tester ce qui marche le mieux. Quel investissement, que d'encouragements, et j'en ai tant besoin ! Je leur en suis tellement reconnaissant, à tous les deux.

J'ai appris bien plus tard qu'il y a deux parties dans le cerveau : une qui gère l'écriture et une autre le dessin. Le dessin est bien plus vivant pour moi que ne l'est l'écriture. En fait, un dessin est une image qui se projette dans notre cerveau sans qu'on ait à l'apprendre, on le reproduit et c'est tout ! L'écriture nécessite l'enchaînement de plusieurs étapes, la sélection des lettres mémorisées, l'alignement des lettres pour donner un mot qui a du sens, la mobilisation de la main et du crayon pour reproduire l'image exacte de la lettre. Ce ne sont pas les mêmes zones qui jouent ces différentes fonctions et c'est très complexe pour moi. Quand il s'agit d'écrire, je me crispe, ne bouge pas assez vite la main, et l'encre de mon stylo-plume fait au mieux des pâtés, au pire des trous dans ma feuille.

Je suis donc différent et mes parents cherchent à comprendre la nature de cette distance avec les autres et de mes difficultés à apprendre comme tout le monde. Ils cherchent de l'aide. Je vois beaucoup de psychologues qui disent que je suis très intelligent, que tout va bien. Mais je sais ne pas montrer mon activité débordante. Je la canalise très bien en entretien, en face-à-face. J'aime ça, discuter avec un adulte. J'aime les adultes. Ce sont des copains intéressants. Je retiens leurs noms. Et mes parents passent pour des hurluberlus : certains professionnels considèrent même qu'ils affabulent… Les maîtresses se sont bien rendu compte que je n'ai pas les mêmes facilités d'apprentissage que les autres élèves, en tout cas pas le même développement sur certains domaines. Ce sont elles qui ont confirmé que je ne rentre pas dans le moule. Reste à savoir ce qui cloche.

Je suis pris en charge dans un CMP (centre médico-psychologique) proche de chez nous, et le médecin psychiatre me diagnostique… une dysharmonie grave ! Donc des troubles mentaux, sans qu'il lui soit possible de dire à mes parents comment cela va évoluer. Difficile d'imaginer plus inquiétant. Maman me dit tout, avec des mots adaptés à mon âge, et je lui dis tout. On ne se cache jamais rien.

Des séances de psychothérapie sont mises en place avec une psychologue que je vais voir une fois par semaine, pour me faire du bien. Mais ça ne sert à rien. Je le dis tout de suite à mes parents. Pendant les séances, la psychologue me fait faire de la pâte à modeler pour comprendre ce que j'ai derrière la tête… Elle veut juste savoir si j'ai des idées morbides. J'aime malaxer ce truc, mais je ne comprends pas pourquoi je le fais. J'ai une vie à construire. Je sais qu'il y a quelque chose à construire. Faire de la pâte à modeler, ça ne sert à rien. Je n'ai pas besoin de ça. Cela ne m'aide pas à évoluer. Et c'est ce que je cherche : évoluer pour que les gens me comprennent, qu'ils comprennent ma volonté de m'en sortir. J'ai besoin d'une personne qui m'accompagne. J'en suis pleinement conscient. Je ne me vois pas continuer dans ce registre. Je fais ce qui me semble le plus logique : je demande à maman de quitter son travail et de m'aider, de se consacrer pleinement à moi. J'ai toujours su dire ce dont j'avais besoin. Mes parents sont les seuls référents que je connaisse et qui me comprennent. Ils décident d'aller dans mon sens, et maman arrête de travailler pour s'occuper à plein temps de moi, de mes deux petits frères, et bientôt nous serons quatre.

Nous déménageons et changeons de médecin généraliste. Il faut expliquer ma situation au nouveau docteur. On est dans une impasse. La scolarité est difficile. La psychothérapie ne m'aide pas. Et puis on a le diagnostic de dysharmonie grave dont on ne sait pas quoi faire.

Maman se plonge dans les livres pour tenter de trouver

une solution. Elle tombe sur un manuel d'Edwige Antier à propos des difficultés de concentration des enfants. J'ai tous les symptômes de l'hyperactivité. Maman en parle au psychiatre qui avait mis en place la psychothérapie analytique, mais il refuse de faire une ordonnance : il maintient son diagnostic et dit que je ne suis pas hyperactif. Mais alors pourquoi est-ce que je ne tiens pas en place et que j'ai tant de mal à me concentrer ?

Je me souviens qu'ensuite le généraliste me fait des piqûres. Il me dit : « Attention, je vais te piquer dans la fesse gauche », alors, je contracte la fesse gauche, et lui me pique dans la fesse droite. J'ai horreur de ces piqûres. Mais elles me calment. Après l'injection, je suis complètement stone… Je suis mort de fatigue, je dors. C'est un test, pour l'hyperactivité. Alors, ce médecin généraliste m'oriente vers un nouveau CMP pour y rencontrer un psychiatre. Un vieil homme à la barbe blanche, une personne très expérimentée, qui m'impressionne beaucoup et qui me reçoit plusieurs fois en entretien avec mes parents, puis seul. Grâce à ce psychiatre, je suis donc diagnostiqué hyperactif à l'âge de sept ans. Il me prescrit une ordonnance d'un médicament dont il m'explique le fonctionnement. Cela agit sur le cerveau ; normalement, c'est un excitant, mais il produit l'inverse chez les hyperactifs. De toute façon, ce sera mieux que les piqûres ! Dès que je commence mon traitement, cela fonctionne à merveille. J'arrive à me poser, à me concentrer et je l'appelle mon « médicament miracle ».

Mes parents et l'équipe pédagogique espèrent que cela m'aidera à progresser, à me focaliser sur les apprentissages et les exercices pendant les heures de classe. C'est pour cela que la décision de redoubler mon CP est prise. Avec ce médicament, j'ai une seconde chance. Cela m'aide bien. J'en prendrai jusqu'à mes dix-huit ans. J'essaierai d'arrêter, plusieurs fois, mais ça sera chaque fois un échec : j'ai les larmes aux yeux le soir, je ne tiens pas. Je serai sous traitement toute mon enfance et mon adolescence.

Mais ce traitement ne résout pas tous mes problèmes, cela ne suffit pas à me mettre sur les rails. Le médecin psychiatre qui m'a diagnostiqué hyperactif et qui continue à me recevoir régulièrement finit par dire :

— Il y a quelque chose de plus.

L'hyperactivité n'explique pas tout, je suis alors diagnostiqué autiste Asperger à l'âge de huit ans et toujours hyperactif, comme trente pour cent d'entre eux.

C'est à la fois un soulagement pour mes parents qui cherchent depuis si longtemps à savoir, pour agir de la façon la plus appropriée, et une claque de prendre un diagnostic dont ils ne connaissent rien. Pour mon papa surtout, il le prend comme une deuxième douche froide, et elle est beaucoup plus glaciale cette fois. Bien sûr, cela ne change rien à l'amour qu'ils me portent, mais ils se rendent compte que le chemin va être bien plus compliqué que prévu. Cela étant dit, pour l'époque, j'ai la chance d'être diagnostiqué tôt et d'être pris en charge par une équipe qui n'applique pas les méthodes analytiques dont j'ai pu dire qu'elles ne m'apportaient rien. Aujourd'hui encore, il faut parfois attendre l'âge adulte, et encore, beaucoup ne sont pas diagnostiqués par manque de formation des médecins et psychiatres. Certains sont même envoyés en hôpital psychiatrique. Je compare cela à la prise en charge de l'épilepsie. Avant, les personnes épileptiques étaient enfermées dans les hôpitaux psychiatriques, surmédicalisées et de façon inappropriée pour les « prendre en charge ». Il ne viendrait à l'esprit de personne aujourd'hui de les considérer avec des troubles mentaux et de les traiter ainsi. De la même façon, la prise en charge de l'autisme est trop souvent catastrophique.

5

La déscolarisation

À la fin de ma deuxième année de CP, je dis donc à maman :

— Ne m'oblige pas à continuer l'école, je vais dans le noir.

Je vais sombrer : le noir, pour moi, c'est la mort. Je sais que le CE1 serait immensément compliqué. Rien que le mot CE1 m'angoisse. La perspective de continuer me réveille la nuit. Si je pars en CE1, c'est fini pour moi. Je n'ai déjà pas le niveau de CP. Envoyer un soldat sur le front alors qu'il n'a pas fini sa formation, c'est l'envoyer directement à la mort. Je ne suis pas prêt. Je suis à des millions d'années de pouvoir réaliser un parcours scolaire classique.

Mon maître le vit comme un échec aussi, je l'apprendrai plus tard. Mais comment aurait-il pu, seul avec une classe de vingt-cinq élèves, se mobiliser sur un seul d'entre eux et de quelle manière ? Nous sommes en l'an 2000, la formation des enseignants ne comprend pas les enfants autistes, ni même aucun enfant qui présente un handicap, et aucun moyen ne leur est donné pour cela. Alors, avec mon diagnostic d'autiste Asperger, je peux être sorti du système scolaire. Et les conditions dans lesquelles se passe l'école, c'est une délivrance, parce que je suis en souffrance extrême.

Pourtant, je suis face à une contradiction difficile. Quitter l'école, c'est quitter tout le monde. C'est un déchirement. Mais je ne veux plus, je ne peux plus y aller. En même temps, c'est un changement radical, et tous les changements sont difficiles à vivre. Coup de chance, une place se libère dans un institut de jour géré par mon médecin psychiatre. L'établissement est seulement à trente minutes de route de chez nous. C'est une opportunité énorme. Il n'y a alors que deux structures de ce type en France qui proposent une prise en charge globale de l'autisme ! Cette place va me permettre d'évoluer en tenant compte de mes capacités, de mes difficultés, maintenant que je suis officiellement autiste Asperger.

Même s'il porte le nom d'institut de jour et qu'il est apparenté à un hôpital de jour, c'est une toute petite structure accueillante. J'y vais accompagné de mes parents qui doivent se faire une idée précise sur ce lieu. Entouré d'une étendue d'herbe, c'est un bâtiment blanc de plain-pied. Il dispose d'une quinzaine de places pour accueillir des enfants de trois à douze ans qui présentent des troubles du développement ou du comportement rendant impossible ou inefficace le maintien en milieu scolaire. Je visite ce qui va potentiellement devenir ma nouvelle « école », les classes, le réfectoire où une cuisinière prépare des petits plats tous les midis. Je rencontre les éducatrices qui ont chacune quatre enfants par classe et surtout celle avec qui je devrais être, Annette, et je sens que c'est exactement ce qu'il me faut.

Je fais donc ma rentrée comme tous les enfants en septembre 2001, mais en dehors du système scolaire. Je m'y rends en taxi, quatre jours et demi par semaine et sur les horaires classiques d'une scolarité ordinaire. Je ne suis pas seul dans la classe. Baptiste est là avec moi. Charles et Matthieu aussi. J'apprends et je les découvre chacun au fur et à mesure, avec leurs intérêts respectifs. Baptiste me fait rire. Régulièrement, il me redit la même chose :

— Romain... Viens me voir... J'ai inventé une invention extraordinaire.

— Qu'est-ce que tu as inventé ?

Cette fois, ce sera :

— Le crayon à double sens !

Il me présente un crayon dont il a taillé les deux bouts. Et là, d'un grand geste, il explose la mine contre la table et il me dit, heureux comme tout :

— Il reste l'autre côté pour écrire ! Je crois que je vais le breveter !

Il est passionné par les Beatles et a appris à parler anglais grâce à leurs chansons. Il apprend l'allemand aussi, qui est une langue qu'il affectionne. Charles, lui, est fasciné par les dinosaures, la paléontologie. Il en connaît un rayon. À certains moments, on entend des grands cris au fond de la salle de classe :

— Regarde, un dinosaure ! Il y a une queue de dinosaure !

C’est Charles qui agite un lacet devant lui et qui me dit

— Romain, regarde, Romain : une queue de diplodocus !

Il me fait bien rire avec son intérêt restreint. Les dinosaures ne l’impressionnent pas du tout alors que l’affiche dans le couloir de *Pollux et le manège enchanté*, où est représenté un lapin debout sur ses deux pattes, avec presque des mains d’adulte, comme dans les dessins animés, il n’aime pas ça du tout. Les dinosaures, ça va, mais ce lapin bizarre qui porte un chapeau, il ne le supporte pas et en a peur en passant devant. Il y a aussi un autre enfant dans la classe d’à côté qui adore les roues de voiture ; il les découpe dans les catalogues et les journaux pour jouer avec. Je m’attache aussi à une toute petite fille qui est dans l’Institut. Elle s’appelle Hanane, elle est très frêle et ne mange quasiment pas lorsque nous sommes au réfectoire. Les éducateurs l’encouragent sans cesse à se nourrir, mais elle vomit tout. Elle ne parle pas du tout, elle est « non verbale », comme ils disent ; pourtant, je me rends compte que j’arrive à communiquer avec elle, même sans la parole. Il y a les crises d’épilepsie aussi pour un autre. Tout cela ne m’impressionne pas le moins du monde parce que j’apprends à les connaître, à vivre avec leur différence, à comprendre leur univers. Il n’y a pas de méchanceté, ni de mots blessants, juste des enfants avec leur particularité, leur plus et leur moins.

En classe, notre vie est rythmée avec les mathématiques et le français que nous faisons le matin. Annette est formidable. Elle utilise quatre techniques différentes d'apprentissage de la lecture qu'elle met en œuvre en fonction de la capacité d'attention et de perception de chacun jour après jour. On lit beaucoup. Elle me fait répéter les phrases, et j'essaye de comprendre ce que je lis. J'entoure les mots pour les associer à ce qu'ils représentent.

C'est un travail long et laborieux. Rien ne se fait sans souffrance, bien sûr. Le cerveau est comme un muscle. J'y sens des blocages, puis des choses changent.

Lorsque je lis « Romain Brifault », ce n'est pas naturel. Je lis lettre après lettre. R. O. M… Rom… A. I. Romai… A.I.N. ça fait « ain ». B.R.I.F.A.U.L.T… Le L et le T sont muets à la fin… Tout cela, je l'ai appris. Tout le monde doit l'apprendre, évidemment, mais ça a été long et compliqué, ce n'est jamais devenu fluide.

On découvre à ce moment-là que j'ai « dix » partout ! Je suis *dys*lexique, *dys*orthographique, *dys*calculique… J'ai tous les curseurs au maximum. En voilà, un bon score ! Même quand je parle, je fais des erreurs, et je m'en veux énormément. Ça m'énerve. Mais bon, c'est moi, je n'y peux rien.

6

Mes centres d'intérêt

Les après-midi sont généralement consacrés aux arts plastiques et aux jeux de société. Il y en a de toutes sortes et le but recherché à travers ces jeux est de nous apprendre à ne pas rester dans notre monde, à respecter les règles, à attendre notre tour, à perdre aussi. Je n'ai pas de problèmes pour perdre, mais il y en a qui n'aiment pas trop ça. Ça n'y paraît pas, mais ce sont vraiment des apprentissages utiles pour la vie de tous les jours.

Évidemment, quand les après-midi sont consacrées aux activités manuelles, je laisse libre cours à mon imagination et ce sont mes moments préférés. J'aime jouer avec le bois, le carton, le métal. J'ai des étuis de cigares, probablement ramenés par Annette, que je découpe en classe et avec lesquels je me coupe parfois. Je bricole avec des bouteilles en plastique, des rouleaux de papier toilette. Avec tout ce que les autres jettent, je fais des constructions, j'invente des mécanismes, je produis des

« œuvres d'art ». J'adore ça. Je trouve une petite voiture Majorette. Une voiture à friction. Mais je ne joue pas longtemps comme tout le monde. J'aime démonter les choses pour savoir comment ça fonctionne à l'intérieur. Je ne sais pas toujours les remonter. Mais, à l'époque, j'ai démonté cette voiture. Et j'en ai fait tout autre chose. J'ai pris le ressort, je l'ai rembobiné, je l'ai posé en dessous de la voiture, j'ai déplacé le châssis sur le devant. Cela faisait un vaisseau spatial très étrange. C'est une relique que la psychologue de l'institut me ressortira de son bureau des années plus tard quand je passerai la voir pour lui donner de mes nouvelles. Elle m'avait dit :

— Mais c'est très joli, ce que tu as fait, c'est de l'art !

À la maison, j'entasse dans ma chambre tout ce que je trouve pour bricoler, créer, et maman me surnomme « Super Récupe-tout » à la suite d'un spectacle sur la sensibilisation des enfants pour le recyclage. Je suis tellement content d'y arriver, d'inventer ! Je suis fier des résultats que j'obtiens.

Lorsque je ne suis pas occupé par ça, je passe aux Lego… J'avais commencé tout jeune avec les Duplo. Je me souviens d'avoir réussi à les détourner de leur utilisation en les intégrant à la coiffure de mon frère Alexandre. J'ai trouvé ça artistique. Il suffisait de coincer une mèche de cheveux entre deux Duplo pour que cela tienne sur sa tête. Mais je passe vite aux Lego. Je suis fasciné par les possibilités qui s'offrent à moi. Je peux aller plus loin dans le raffinement, dans le détail. Je me dis : « Ça y est, je peux tout faire. » Tous les soirs et tous les week-ends, je fais des Lego dans ma chambre, j'ai un bac immense rempli de petites briques en plastique de toutes les formes et de toutes les couleurs. Je cherche toujours LA pièce qu'il me faut. Je gratte sans cesse dans le fond du bac en remuant tout… Je joue, je joue, je gratte, je gratte. Je n'arrête pas et on entend depuis ma chambre, dans toute la maison, ce bruit de fond incessant. C'est mon centre d'intérêt. Je ne suis plus les plans livrés avec les boîtes depuis longtemps. On m'offre un kit complet de Lego *Star Wars*. Que Lego et *Star Wars* se mettent ensemble, c'est le rêve absolu. C'est le summum de ce que je peux avoir. Et à partir de là, je crée mes propres vaisseaux spatiaux. Mon frère Alexandre est écœuré. Lui, il construit pièce par pièce en suivant le schéma. Et mes vaisseaux sont beaucoup plus gros, plus beaux. Je fabrique des lunettes en Lego, des bateaux que je fais flotter dans mon bain. Je suis bien, content. J'exprime mon univers. Je suis dans mon monde. Et c'est incroyable : je sens un vrai bonheur m'envahir. Dans ces moments-là, je ne pense plus à la souffrance, je suis tout à ma création. C'est une bouffée d'oxygène. On ne peut même pas s'imaginer à quel point.

Un jour, je tombe sur un livre de pliage qui se trouve à l'institut. L'origami devient alors une activité qui me plaît énormément. Partir d'une feuille à plat et en donner une forme rien que par une technique de pliage. Surprenant. Fantastique. Je le ramène à la maison avec l'autorisation de mon éducatrice et je me lance dans la fabrication d'animaux, de boîtes et de toutes sortes d'autres motifs… Je dois coûter cher en feuilles de papier, j'en ai des sacs et des sacs entiers !

Tous ces moments sont des moments heureux. Je ne vois pas le temps passer. Pourtant, il paraît que l'heure tourne et que des impératifs d'horaires et d'emploi du temps m'obligent à m'arrêter dans mon élan. Alors, au moment d'arrêter mon activité pour manger quand maman m'appelle ou pour partir de l'institut, quand la journée est finie, par exemple, c'est assez compliqué. Chaque changement est compliqué. Il faut que je sorte de mon univers, que j'arrive à passer d'une chose à l'autre. Le rangement n'est pas mon fort non plus et pourtant je dois laisser l'endroit tel que je l'ai trouvé. Alors, je prends du retard, et le taxi qui me transporte matin et soir m'attend pour me ramener à la maison… La gestion du temps est quelque chose que je n'intègre que difficilement, comme si cela n'avait pas d'importance.

7

Les codes sociaux

Avec l'aide de mon éducatrice, j'avance dans un domaine qui ne m'est pas familier du tout et dont je dois tout apprendre : les codes sociaux. L'apprentissage se fait par des mises en situation concrètes. Des sorties régulières sont prévues. Sortir. Interagir. Faire face aux multiples sollicitations de la vie extérieure. C'est pour l'autiste ce qu'il y a de plus complexe. Ne pas savoir ce qui va se passer, ni comment il faudra réagir de manière appropriée. Prendre le bus pour se rendre quelque part. Je me souviens d'une sortie en particulier. Nous devions faire nos courses. C'est quelque chose qu'un enfant sait faire assez tôt normalement. Aller acheter du pain, par exemple. Nous, on doit tout apprendre. Dire bonjour aux personnes qui nous accueillent. Prendre ce dont on a besoin dans les rayons. Passer à la caisse. Ne pas avoir sorti son argent avant parce qu'on pourrait se le faire voler. La succession de ces tâches, c'est une angoisse pour un autiste. On ne sait pas comment fonctionne le monde extérieur. Il faut tout apprendre. On est complètement étranger à chaque situation. Chaque seconde de notre vie, on ne connaît rien. C'est comme si, chaque instant, on devait réapprendre une langue étrangère.

Arrivé à la caisse, il faut dire bonjour, il faut regarder dans les yeux. Regarder dans les yeux, c'est très compliqué pour beaucoup d'autistes, parce que l'on a tendance à éviter le contact. Regarder dans les yeux, c'est un effort. Les autistes n'osent pas regarder. C'est une interaction sociale. C'est déjà un échange. Ce n'est pas naturel. Je dois faire un travail énorme sur moi-même.

Quand il est question de payer à la caisse, je donne finalement un peu trop d'argent. J'ai des difficultés à calculer, cela rajoute de la complexité. Mais j'ai réussi l'exercice.

La leçon de vie que j'en retiens et que mon éducatrice me transmet, c'est qu'un autiste Asperger peut évoluer et que je viens d'en faire la démonstration. Cela demande du temps, une approche adaptée, mais quelle fierté à travers le regard de ceux qui accompagnent et quel bonheur pour soi-même ! Dans ces moments-là, chacun sait le défi que cela représente. Chaque nouvelle marche franchie est une victoire en soi, mais aussi la promesse d'une plus grande victoire à venir.

Mon éducatrice s'est attelée à m'apporter son soutien jour après jour. Je sais que je peux lui faire confiance les yeux fermés. Un peu comme un coureur non voyant qui va faire une performance remarquable uniquement en se laissant guider au son de la voix de son binôme. Il y a un peu de cela dans ma relation qui se construit avec Annette. Avec elle, j'apprends pas mal de choses. Des compétences qui me manquent, qui m'empêchent d'avancer. J'apprends ainsi à décrypter les expressions du visage. Être joyeux, sincèrement, parce qu'on a reçu un cadeau, ou être joyeux avec un sourire en coin, mesquin, ce n'est pas la même chose. Comment fait-on la différence entre des larmes de joie et des larmes de tristesse ? Une personne neurotypique sait cela intuitivement. C'est une langue étrangère pour une personne avec autisme.

J'étudie donc comment interpréter les mimiques des visages, les subtilités langagières du corps. Mais aussi, ce que je vais découvrir de primordial, c'est décoder l'expression des émotions, pour pouvoir exprimer les miennes. Je les joue sur mon visage devant un appareil photo. Dans un grand cahier, on colle ces photos de moi : la colère, la peur, la joie y sont lisibles tour à tour, à des degrés différents sur une échelle de un à dix. Exprimer les mêmes émotions qu'un neurotypique, c'est ce que j'apprends pour m'adapter socialement, pour que je sois compris et un peu mieux accepté.

J'apprends aussi à ne pas prendre toutes les expressions au pied de la lettre. Je me souviens d'une sortie avec ma classe dans un musée, où Annette nous donne la consigne la plus importante pour ce lieu :

— Ne touchez pas avec vos mains, vous n'avez le droit que de toucher avec vos yeux !

Je la regarde, horrifié, et lui dis que cela va faire très mal… Elle rit gentiment et m'explique l'expression. Une autre fois, je l'entends discuter avec une éducatrice d'un enfant qui revient le lundi matin d'un week-end chez son papa :

— Lui, il est passé sous la tondeuse !

J'étais très inquiet pour mon copain en m'imaginant qu'il était en charpie, mais je le vois dans la cour et il allait très bien, en fait, avec sa nouvelle coupe de cheveux. J'ai compris que c'était encore une expression… Il faudra que je les apprenne toutes.

Pendant ces quatre années, je vais faire beaucoup de progrès sur le plan social. Les éducatrices et toute l'équipe pluridisciplinaire qui nous entourent soutiennent tous nos apprentissages avec l'aide de pictogrammes. Ces symboles que l'on choisit et que l'on met dans le bon ordre pour se faire comprendre, avoir un message clair. Dire « Je veux un gâteau, s'il vous plaît », passe par cette méthode efficace. Puis les pictos plastifiés avec des scratchs au dos, alignés sur une planche, nous serviront ensuite à nous faire enchaîner des tâches de plus en plus complexes sans l'aide d'un adulte, en les manipulant et en les plaçant sur une autre planche, au fur et à mesure des tâches accomplies. S'organiser, se faire comprendre et apprendre : quel bonheur !

J'apprends à m'aimer plus aussi, grâce à la psychologue de l'équipe, « ma » psychologue, Céline. Elle est extraordinaire. Je la vois une fois par semaine, et elle ne me laissera jamais tomber ensuite. Elle essaye de comprendre pourquoi je suis malheureux. Elle change littéralement ma vie. Elle change tout, petit à petit. Elle m'aide à mettre en pratique les bonnes manières de la vie de tous les jours et je travaille avec elle les comportements socialement adaptés. Quand je suis en situation de stress, j'ai tendance à bouger mes mains en frottant mes poignets contre ma taille. Ces mouvements me font remarquer et soulignent ma différence. Elle m'apprend des techniques de respiration pour me relaxer, gérer mon stress. J'ai eu des tics vocaux aussi qu'il a fallu que j'arrête en trouvant un palliatif qui ne se remarquerait pas.

Ensemble, nous allons évoquer une à une mes difficultés d'ordre sensoriel. Le toucher ou un bruit inattendu me font sursauter. Il faut que je sois préparé à ces éventualités. L'intensité d'un bruit, par exemple, je la vis comme une agression. Les neurotypiques aussi peuvent ressentir cela lorsqu'une alarme de pompier ou une sonnerie stridente retentit près de leurs oreilles. Mon seuil de tolérance est beaucoup plus bas et m'oblige à me boucher les oreilles quand cela devient insupportable pour moi. Alors, je porte un casque audio qui me protège si nécessaire. Comme c'est socialement acceptable pour l'ado que je deviens, cela ne me fait pas remarquer outre mesure tout en m'apportant une sortie de secours. La lumière aussi peut m'agresser, alors, j'ai toujours mes lunettes de soleil sur moi, au cas où, ou des lunettes avec des verres polarisants ! Toutes les stratégies sont mises en place au fur et à mesure.

Ce dont je ne suis pas du tout conscient, à l'époque, c'est que cette méthode qui utilise ces techniques comportementales et cognitives est alors très controversée. L'équipe se fait tirer dessus à boulets rouges par la psychiatrie française, parce que, selon elle, ces méthodes ne tiennent pas la route… Tout ce que je peux dire, c'est que, si je n'avais pas eu cet enseignement de façon aussi précise et efficace, si je n'avais pas fonctionné avec un programme à suivre, en enchaînant tâche après tâche, si je n'avais pas découvert la logique de fonctionner avec les autres, je n'en serais pas là aujourd'hui ! J'ai réussi à voir le monde comme à travers les yeux d'une personne neurotypique.

8

L'intégration

Mais les bonnes choses ont une fin et, au bout de quatre ans, j'ai atteint la limite d'âge de fréquentation de l'institut de jour. Avec tout ce travail sur moi-même et les efforts nécessaires pour avancer, les apprentissages scolaires, bien qu'ils soient dispensés tous les matins, ne sont pas ma priorité absolue. Je n'ai qu'un petit niveau de CE2 à l'âge de douze ans. Mes parents, comme d'habitude, vont se renseigner partout pour préparer l'après. Ils sont confrontés à une réalité : il n'existe pas de structures d'accompagnement semblables et qui correspondent à mon âge. Soit, ce sont des instituts médico-éducatifs (IME), soit, c'est le retour à l'école.

Il faut trouver une solution, car je ne rentre toujours pas dans les cases. Cela fait l'objet de discussions avec mes parents. J'échange beaucoup avec eux, comme d'habitude. Il y a ce dont j'ai envie et ce qui est réellement possible.

Je sais que je suis confortablement installé dans une routine appréciable, un petit train-train de vie entouré de beaucoup de bienveillance. Je sens le décalage qui s'est creusé sur mes habiletés sociales entre mes camarades et moi. Ils ont leur façon d'être, de penser, que je comprends très bien, mais j'ai avancé. Continuer avec les copains en IME serait confortable, mais je me rends bien compte qu'il faut que je passe à autre chose. J'ai très envie de retourner à l'école comme tout le monde, continuer à m'ouvrir aux autres et gagner en autonomie, mais la marche est trop haute sur le plan scolaire. C'est un vrai dilemme, il y a de quoi se perdre. Il faut que j'arrive à tracer ma propre voie.

Mes parents entendent parler d'une classe spécialisée au sein d'une école privée. L'ancienne institutrice de l'Éducation nationale n'accepte pas que des enfants dont les apprentissages doivent être adaptés soient mis de côté. Alors, elle enseigne avec ses propres méthodes, au cas par cas, soutenue par une association de parents et de bénévoles. C'est la seule petite porte qui me permettrait doucement d'intégrer un établissement scolaire, en partageant avec les neurotypiques la cour de récréation, le self, et certaines matières dans des classes de primaires. Encouragé par mes parents, je décide de faire le grand saut. Le groupe classe est composé de six enfants dont les handicaps sont très différents. Je partage mes journées avec deux enfants trisomiques, deux handicapées mentales et un jeune avec des troubles du comportement, parfois violent. Il n'y a pas deux enfants qui se ressemblent. Nous n'avons pas du tout le même niveau scolaire non plus. Je suis le seul autiste Asperger et l'institutrice n'est pas du tout formée à l'autisme. Mes parents font plusieurs entretiens avec elle pour lui expliquer comment je fonctionne. Malgré tout, elle ne comprend pas qui je suis. Elle ne voit pas mon potentiel, ce que je suis capable de faire. Tout s'avère très compliqué. La bénévole qui vient l'aider sur les temps de classe, en français et en mathématiques, croit beaucoup plus en moi… Pendant un an et demi, je ne trouve pas ma place dans cette classe, mais ai-je le choix ? Je ne me souviens pas de cette période comme étant un bon moment. Pendant quatre ans, on m'a appris tout ce qu'il fallait faire. Je m'applique à me comporter exactement comme les situations l'exigent. Je suis poli, humble. Et je me retrouve avec des enfants qui agissent autrement, de manière imprévisible et ne correspondant en rien à ce que j'ai pu apprendre. C'est un retour à la case départ : je ne comprends pas plus les personnes qui m'entourent.

Le seul avantage que j'y trouve, c'est que j'ai un pied dans cette magnifique école, avec le temps du midi et les récréations en commun avec les neurotypiques. Des personnes et des visages qui deviennent petit à petit familiers. Je peux aussi faire quelques passages en inclusion dans des classes sur certaines matières, en fonction de mon niveau, et ça me donne envie d'aller dans les cours, avec les autres. Je sais que je dois évoluer : je ne peux pas rester dans mon coin à me tourner les pouces. Depuis que je suis tout jeune, j'ai envie d'aller vers les autres. Je ne sais juste pas quel chemin emprunter. Je me suis toujours considéré comme un soldat qui avance, bataille après bataille, pas à pas. Je vais ouvrir une porte, voir ce qu'il y a derrière. Si je me prends un coup, eh bien, ça va faire mal, c'est sûr, et je me relèverai. Si je ne me prends pas de coup… alors, tant mieux, allons de l'avant ! Étape par étape. Dans ma tête, c'est très clair : je veux retrouver la vie classique à côté de laquelle je suis passé toutes ces années.

Mais mon parcours ne sera pas facile. Quand je suis en récréation, dans la cour de l'école, je me retrouve seul au milieu des autres. J'en ai conscience. Il n'y a personne qui vient interagir avec moi. J'observe mon frère Alexandre qui est entré en classe dans le même établissement que moi, et le contraste avec moi me sidère. Au début de la première journée, il est comme moi, il ne connaît personne, forcément. Je le vois sortir le soir de sa classe, tout le monde lui parle ! Je me dis : « Mais comment il fait ? Comment il fait ? » Toute la classe a l'air de l'aimer, de s'intéresser à lui. J'ai l'impression que je ne comprends rien à la vie. Et en même temps, je pense que chacun a ses talents, mais Alexandre est pour moi le dieu des relations sociales. Il déverrouille la parole de tout le monde. Il a des clefs, et c'est impressionnant de le voir… Pour les filles, il sait y faire. Pourtant, je n'ai jamais été jaloux. Jamais. Envieux, parfois. Oui. Mais la jalousie n'a jamais fait partie de moi. J'aime ce que je suis. Mais je n'ai jamais compris comment Alexandre faisait. Plus j'avance dans ma vie, plus je me sens différent.

À treize ans, je n'ai qu'un bon niveau scolaire de CE2. Revenir dans le circuit scolaire ordinaire avec ce décalage est impossible. Pourtant, la loi du 11 février 2005 vient d'être votée, celle qui donne le droit aux enfants en situation de handicap d'être scolarisés en milieu ordinaire. Ma classe, telle qu'elle fonctionne, ne me permet pas d'avancer assez vite pour espérer rattraper mon retard.

J'arrête d'y aller. Entre-temps, mes parents, par l'intermédiaire de Céline, me trouvent un répétiteur. C'est la première fois que j'entends ce mot et je comprends qu'il peut m'aider à remettre mes curseurs scolaires au bon endroit. C'est exactement ce que je veux.

De janvier à juin 2006, Simon vient à la maison, quatre heures par jour. Cinq jours par semaine. À mon âge, pour revenir dans le cursus ordinaire, il faut au moins que je retrouve un niveau d'entrée en cinquième. Et je n'ai que quelques mois pour le faire.

Ce n'est pas gagné. Au début, je lui parle à peine, je suis distant. Au fond, je suis impressionné. Il est grand. J'ai immédiatement de l'estime pour lui. C'est le professeur que je n'ai jamais eu. Je suis fan. Fan, mais introverti autant qu'on peut l'être.

Simon se révèle l'étincelle dans l'obscurité la plus totale. Il m'apporte la lumière. Il construit la première marche de mon évolution. Ça va tellement vite. Les livres que je réussis à lire… Les mathématiques, c'est ma bête noire. Certains jours, quand ça ne va pas, il me propose un exercice plus simple et, au fur et à mesure, il me montre comment ça marche.

Simon, c'est quelque chose de fou pour moi. Il m'apporte une confiance que je n'ai absolument pas jusque-là. Je suis volontaire, je ne veux surtout pas retourner dans l'éducation spécialisée, c'est sûr. Mais je n'ai pas confiance.

Sans rien lâcher, je travaille avec ténacité et, progressivement, je rattrape le niveau de sixième en six mois. C'est facile à dire. Mais le tourbillon dans lequel je suis entraîné est fantastique : chaque chose trouve sa place. Ce sont des efforts colossaux, mais les résultats sont là.

Céline a bien fait de me recommander Simon. Il a fait des études de psychologie. Il a déjà, dans son cercle d'amis, une jeune avec autisme. Simon a cette facilité à communiquer avec moi.

Il sait exactement comment me transmettre les programmes scolaires. Il explique les proportions en remplissant une bouteille à la moitié, au quart… Il fait tout comme ça, avec beaucoup d'humour, uniquement dans le plaisir. C'est un ange gardien. Il rend mon rêve accessible. Je ne pensais pas que j'y arriverais. J'ai fait le maximum pour que Simon soit fier de moi. Et il me le dira après :

— Si tu n'avais pas eu cette volonté, je n'aurais rien pu faire pour que tu t'en sortes.

Pendant ces six mois, je travaille sans compter. Je dors comme un bébé, totalement épuisé. Le combat est ardu, mais tout se fait dans la bienveillance. Une bienveillance dans l'apprentissage que je ressens encore lorsque je pense à cette période. Simon est un magicien. Il m'a apporté l'espoir. L'espoir de retrouver ma belle école privée et cette fois dans une classe comme tous les autres enfants.

9

Le collège

Ce matin-là, je me réveille. Je prends mon petit-déjeuner avec mes frères. J'ai l'impression que le monde tourne au ralenti. Chaque geste est plus lourd, plus épais, plus pesant qu'à l'ordinaire. Je n'arrive pas à y croire : enfin, ça m'arrive. C'est le matin de mon tout premier jour au collège. J'ai l'impression de m'échapper de prison. Je quitte le monde du handicap.

Dans la cour, après l'appel, je suis en bout de file, le tout dernier de la file. On appelle les cinquièmes et je me dis : « Ça y est, je suis dans le système scolaire. Je suis comme tout le monde. » Je prends une grande respiration et c'est la toute première fois que je me sens vraiment respirer dans ma vie. Les alvéoles de mes poumons se déploient pour trouver enfin tout leur espace dans ma cage thoracique. C'est une satisfaction hors du commun que je sois maintenant dans le monde des neurotypiques. Mes parents ne m'ont jamais caché que ce serait difficile pour moi. Et c'est vrai. J'ai jusque-là été encadré, protégé, dans des structures spécialisées. Et je sais bien que je suis maintenant dans le grand bain, dans l'océan. Je n'ai plus pied. Il peut tout m'arriver, mais je suis heureux. C'est le bonheur. Un bonheur indescriptible.

Je vis les premiers cours avec beaucoup d'attention. J'écoute.

Mon professeur principal de cinquième est un professeur de sport. Il a cet esprit d'équipe, de cohésion. Peu importe ce que je suis, il pense que j'ai ma place dans le monde neurotypique. C'est merveilleux. Je ne le reverrai pas après le collège, mais je peux imaginer ce qu'il dirait de moi. Je suis un élève plutôt introverti, qui pose beaucoup de questions et qui est plutôt bienveillant vis-à-vis du reste de la classe.

Avec moi, il y a ma première assistante de vie scolaire, mon AVS, Éléonore. Je fais partie des premiers bénéficiaires de la loi pour l'égalité des droits et des chances, la participation et la citoyenneté des personnes handicapées.

Éléonore a un rôle majeur dans ma mise en marche dans ce nouveau monde. C'est mon point d'appui. Si je suis triste, si ça ne va pas, elle est toujours là pour me relever. C'est une grande jeune femme, élancée, avec son long manteau vert. Je la trouve chatoyante dans sa façon de s'habiller. J'adore ça. J'en garde un excellent souvenir. Bien qu'elle n'ait pas étudié les autistes Asperger, elle arrive très bien à me comprendre. C'est l'inconnu total pour elle comme pour moi. On n'a rien à quoi se raccrocher, mais ça fonctionne.

Je continue parfois à faire des choses pas comme les autres, comme faire tourner mon stylo entre mes doigts sans arrêt ou jouer avec des élastiques en classe. Une fois, l'un d'entre eux est parti par inadvertance vers la tête de la professeure, sans l'atteindre heureusement. Il est tellement difficile de rester assis sans rien faire, juste à écouter.

Moi, je veux être le meilleur élève de la classe. Je ne le suis pas. Forcément. J'apprends mes cours tous les soirs avec maman. Je m'applique du mieux que je peux.

En janvier, je fais ma première sortie scolaire. Nous partons en classe de neige. J'ai déjà skié, la nouveauté n'est pas là, j'y reviendrai. Mais c'est partir loin, dans l'effervescence. J'y vis vraiment des moments très forts avec les élèves qui m'entourent. Partager un repas le soir, cela peut paraître classique. Mais, pour une fois, je ne me sens pas différent. Je me sens intégré. Je vis un rêve éveillé. Pour d'autres, le rêve, c'est de devenir président ou rock star. Le mien, c'est de vivre parmi les autres, et il se réalise. C'est plus beau que le plus beau des cadeaux de Noël. C'est une super réussite pour moi.

On fait dans l'année des sorties qui me semblent très nombreuses. Il y a eu le dîner de classe dans une pizzeria. Pour moi, c'est complètement nouveau. Je n'irai pas jusqu'à dire que je me suis fait des amis, parce que je ne suis pas invité hors de ces sorties de classe, et qu'aucun élève ne m'a jamais rappelé après le collège. Mais ce sont de vraies relations. Je franchis un cap que j'aurais pu ne jamais atteindre.

C'est l'année de la mise en œuvre de ma vie. Le démarrage. Là où je commence à séquencer ma façon de me comporter. J'observe beaucoup les gens dans la cour. Je prends de l'assurance. Je peaufine mes techniques.

Je veux continuer à être moi-même et, pour arriver à me comporter comme les autres, il n'y a rien de naturel. Je dois me concentrer et mobiliser une énergie extraordinaire. Chaque comportement social est un apprentissage, et chaque geste nécessite de penser précisément à ce qu'il convient de faire. Les autres savent s'adapter et trouvent naturellement leur place. Pas moi. Je dois millimétrer pour ne pas en faire trop, ni pas assez. Quand quelqu'un est malheureux, il ne faut pas lui dire : « Oh ! pauvre petit malheureux, comme tu es triste !... » Il faut lui dire : « Alors, ça va ? Qu'est-ce qu'il y a ?... » C'est compliqué. C'est comme quand un neurotypique va dans un pays étranger et qu'il apprend la langue. Il apprend sur le tas. C'est ce que je fais.

Je me place toujours très près des gens. Comment connaître la distance socialement acceptable pour écouter quelqu'un ? Je m'approche trop. Et ça peut faire peur. Mais pour moi, c'est naturel : on doit avoir une interaction et ne pas être embrouillé avec toutes les sollicitations extérieures.

Alors, je peux me placer à cinquante centimètres. Mais non, ça ne se fait pas. Parfois, il y a de grands groupes qui se forment autour, et impossible de savoir où se mettre. Je dois apprendre plein de choses de ce type pour ne pas empiéter sur l'espace vital de l'autre. Cela fait partie d'un livre secret de la vie qui s'appelle « les codes sociaux ». Un livre que les autistes n'aiment pas trop ouvrir, mais que j'ai eu la chance d'aborder avec Céline, qui continue à me suivre.

Simon ne me quitte pas non plus, tout ce temps. Pendant des années, il reviendra, épisodiquement, m'aider pour mes devoirs, jusqu'au lycée. Entre la cinquième et la quatrième, il me parle d'un camp d'été qui est organisé par quelques-uns de ses amis. Un camp théâtre. Un camp d'adolescents. Il me dit :

— Vois si tu peux vivre et avancer avec eux. Si ça marche, tant mieux. Si ça ne marche pas, tant pis.

Il ne me met pas du tout la pression : c'est juste pour voir. J'ai quinze ans et je suis partant pour essayer. Mes parents m'y accompagnent. Je fais la connaissance des animateurs et des adolescents neurotypiques avec qui je vais passer une semaine complète. Nous séjournons tous dans une vieille grange aménagée. Je vis là des moments riches en émotions. Nous sommes dans une espèce de bain de bienveillance, les uns avec les autres. L'objectif est de mieux nous connaître nous-mêmes, de vivre ensemble, de partager des temps de réflexion.

On n'a pas le droit au téléphone portable. J'ai souvent envie de communiquer avec ma famille et je trouve ça dur, compliqué. Ne pas pouvoir débriefer de ma journée régulièrement avec maman, ne pas pouvoir lui poser des questions pour savoir si j'ai bien compris une situation ou ne pas pouvoir me confier à elle tout simplement, ce n'est pas facile. Créer du lien avec des personnes qui ne sont pas mes frères, ce n'est pas naturel non plus. Mais je me sens vraiment autonome. Et c'est peut-être là que je me dis : « L'autonomie, c'est bien. C'est bon pour moi, ça me fait évoluer. » À la réflexion, je prends sans doute conscience qu'être dans les jupons de ma mère ne sera pas toujours suffisant. Je dois continuer de sortir des sentiers battus et partir au combat.

Dans ce camp théâtre, on doit respecter la « règle des 3C » : pas de couple, pas de clan, pas de clope. On se respecte les uns les autres. On est responsable. On compte sur moi comme on compte sur les autres : c'est très positif pour moi.

L'objectif est de préparer un spectacle que nos parents viendront voir. Nous avons des exercices. Et cela m'a beaucoup aidé pour la suite. J'ai envie d'aller vers les autres, de m'exprimer. Cela forge une partie de ce que je deviendrai en m'aidant à canaliser mon appréhension du monde. J'ai sans aucun doute beaucoup plus besoin de ce camp théâtre que les autres. Je sais que ça va m'ouvrir les yeux sur ce que sont les relations humaines. Quand on a des exercices d'improvisation, il faut jouer une situation dramatique, ou une situation heureuse, et réagir en fonction de cette situation sans sortir du contexte. Chaque hors-sujet est un échec. La semaine est très intense. Je veux répéter, répéter… Je dois être aussi bon que les autres. Tout apprendre. J'aime vraiment ce camp.

Je fais des efforts considérables tous les jours, pour ne pas me tromper entre ce que je peux dire et ne pas dire, pour être sociable au maximum. La vie en commun pose des tas de problèmes. En premier lieu, les horaires. Se lever, tôt, tous en même temps. Et se coucher le soir, toujours tous ensemble. Respecter les temps des activités, les temps de pause… Je garde de ce moment un souvenir à la fois rude et doux, mais c'est éreintant.

En fin de semaine, je joue sur scène, devant un public, devant ma famille. Je joue *Le Petit Prince.* Je suis le petit prince. Il se trouve que, sans le savoir, je l'avais déjà étudié à la maison avec Simon, je connaissais l'histoire. Jouer sur scène, c'est faire passer un message, le message de Saint-Exupéry. Cela me parle énormément, parce que *Le Petit Prince*, c'est un peu ma vie. Je m'y suis identifié très facilement, comme avec l'histoire de Pinocchio. Le héros est un petit garçon qui enchaîne des épreuves et essaye de s'en sortir en traversant de nombreuses facettes de la vie. Un des passages les plus touchants, et qui résonne en moi, est sa rencontre avec le renard. Ce petit animal est curieux, il veut se faire des amis. Le petit prince aussi voudrait avoir des amis. Ils ne savent pas comment faire, comment s'apprivoiser, se faire accepter. Et le chapitre sur la rencontre du petit prince avec la rose… Une rose, comme une belle fille avec son caractère, ses épines. J'ai toujours comparé les filles à des fleurs. Chaque fleur a son parfum, sa couleur, et certaines font mal, sont empoisonnées. La tulipe est une plante toxique… Toutes les fleurs ont leur façon de se défendre.

À la fin du spectacle, il y a les applaudissements. On salue. Je suis fier de ce que je viens de faire. C'est un moment exceptionnel. Un petit pas de plus vers la confiance dont j'ai tellement besoin.

Une semaine, ça passe très vite. Mais venu le moment de partir, c'est un déchirement total. Je suis épuisé, heureux de l'avoir fait, malheureux que ça s'arrête, content de retrouver ma famille… C'est compliqué. Une semaine de camp, une semaine pour récupérer.

En quatrième, l'ambiance devient un peu plus compliquée à appréhender. C'est plus d'efforts sociaux, parce que les mentalités changent. On passe de l'enfance à jeune homme ou jeune fille. Les relations s'endurcissent. C'est plus difficile d'échanger parce que les gens se prennent plus au sérieux, sont plus critiques. Trouver une place devient plus complexe. J'ai du mal. Éléonore n'est plus avec moi : avec le changement de classe, j'ai aussi changé d'AVS parce que le système français est ainsi fait. La nouvelle a son caractère et ne comprend pas vraiment ce qu'est un autiste Asperger. Je ressens qu'elle s'ennuie et qu'elle ne s'intéresse pas forcément à moi. Elle n'hésite pas à me faire comprendre que tout n'est pas non plus tout rose pour ceux qui aident. Je me dis que cela aurait été bien qu'elle se pose cette question avant de devenir AVS et qu'une formation l'aurait peut-être aidée à tester ses motivations. Ce n'est pas aussi joli que la cinquième. Comme un tableau qui se défraîchit un peu. Une transition, une marche qui annonce la suite de mes expériences de jeune avec assistant de vie scolaire.

Dans la cour, je me précipite souvent pour parler avec une religieuse que j'aime beaucoup. Chaque fois que je le peux, je discute avec elle. Elle est assez âgée, proche de la retraite. C'est elle qui dispense les cours de formation humaine et chrétienne. Discuter avec elle me fait du bien. Nous passons chaque fois un bon moment. Je peux échanger avec quelqu'un avec qui je partage des idées, des valeurs. J'adore parler avec elle parce qu'elle a une façon de voir la vie qui me permet de découvrir des tas de choses. J'y retrouve un peu des propos d'Amalia. Elle est bienveillante, mais elle ne me passe rien : quand je change de classe et que je cours pour ne pas être en retard, je l'entends me dire :

— Romain, on ne court pas dans les corridors.

Elle a un vocabulaire bien à elle, un peu ancien, compliqué à prononcer.

Puis, c'est le passage en troisième. J'ai une troisième AVS, Annie. Elle me semble âgée. Extrêmement âgée même avec ses longs cheveux gris et ses lunettes épaisses. Elle s'habille pratique. C'est une femme, je l'apprendrai plus tard, qui a la main verte et qui jardine beaucoup. Lorsqu'elle parle, elle a une voix qui porte, assez haut perchée, même quand elle pense chuchoter. Elle est comme ça, Annie, sans aucun complexe par rapport au regard des autres et elle va m'encourager au cours des deux années pendant lesquelles elle m'accompagnera à ne pas me préoccuper de ce que pensent les autres et à tracer mon chemin. Elle va s'avérer une excellente AVS avec qui j'ai conservé des liens.

Au début, je dois trouver mes marques. Je ne sais pas du tout comment interagir avec elle. Elle m'est complètement inconnue. Je n'ai pas de repères. Mais cela va se faire au fur et à mesure. Au fil de nos discussions, on se trouve de nombreux points communs, d'intérêts communs. C'est une femme qui a plein de ressources. J'apprécie sa droiture d'esprit.

Il faut dire qu'au collège, si la quatrième a été moins agréable que la cinquième, je ressens vraiment, en troisième, la difficulté de l'intégration d'une personne autiste. Dans l'établissement, chaque année, les classes sont remaniées et on ne se retrouve pas forcément avec les mêmes camarades. Au début de l'année, avec l'accord de mon professeur principal, je dis ouvertement devant la classe que je suis différent, que je souhaite être accepté en tant que tel. Je joue franc-jeu, sans me mettre de masque. Mais les gens sont devenus très « M'as-tu vu ? Me voilà »... Les relations se jouent sur l'apparence, les jugements des uns sur les autres sont plus tranchés, plus violents. Les toutes premières moqueries sont vraiment brutales.

Tout commence dès les premiers jours de classe. Lorsque j'arrive, le matin, je ne suis pas tout seul, j'ai une adulte avec moi. Les élèves se retournent, chuchotent. Je vois bien qu'ils continuent de se poser des questions. Quelle est ma tare ? Certains pensent qu'Annie travaille à ma place. Mais c'est moi qui apprends ! C'est moi qui fais mes devoirs !

Il y a un épisode très marquant. Un jour, alors que l'on rentre en classe, comme tous les matins, je veux prendre mes affaires, qu'on laisse à notre place, dans notre casier sous la table... Il est vide. À la place de mes affaires, juste un mot. Je commence à lire : « Tu ne mérites pas de vivre, tu mérites de mourir... » Je lis ça lentement et, à la vitesse où j'arrive à lire, cela prend un peu de temps. Je ne réalise pas que ça m'est adressé : comment imaginer que quelqu'un m'en voudrait à mort ?

Mon AVS est assise à côté de moi, comme d'habitude, et m'arrache le mot des mains avant que j'aie pu aller plus loin. Elle me dit : « Romain, continue à t'installer pendant que je lis ce mot » et m'empêche par là même de continuer à lire le message qui m'est adressé. Son visage a littéralement changé. Elle hurle dans la classe :

— Qui a écrit ce mot ! C'est inacceptable ! Inadmissible !

C'est un mélange de rage et de colère. Elle a un rôle de sauveur à jouer, et elle le joue à fond. Je ne l'ai jamais vue dans cet état, et je ne la reverrai jamais furieuse comme ça.

Mon professeur d'histoire-géographie arrive dans la salle de cours d'un pas décidé. C'est aussi mon professeur principal, et le directeur des études de toutes les troisièmes. Il a une vraie prestance, de la carrure… Les élèves baissent les yeux lorsqu'ils le croisent dans le couloir. Il n'a rien besoin de dire pour imposer son autorité. Annie prend le mot, le lui donne. Il s'assoit derrière son bureau, prend la parole dans un silence absolu :

— Que personne ne bouge pendant que je lis ce mot.

Le silence, si cela est possible, se fait encore plus pesant. Quand il finit d'en prendre connaissance, il retire ses lunettes :

— Vous avez tous intérêt à me dire qui est l'auteur de ce mot sinon je pénalise toute la classe pour le restant de l'année.

Cela voudrait dire la fin des sorties scolaires, de l'ensemble des activités hors de l'école… Il couperait tout.

Je n'aurai jamais l'occasion de lire le mot en entier. Heureusement. La lenteur avec laquelle je déchiffre a joué pour moi. Chaque mot avait été pesé pour me nuire, pour me détruire. Et je ne saurai pas immédiatement qui a écrit le mot dans la classe. Bien des années plus tard, je rencontrerai mon professeur par hasard. Il me dira alors de qui il s'agissait. C'était une élève de ma classe, qui voulait se venger parce qu'elle trouvait que j'avais plus de chances que les autres. Elle était immensément jalouse et elle n'avait pas vu que j'étais en souffrance. Elle n'avait pas essayé de comprendre.

J'ai une famille bienveillante. Je suis bien entouré. Des personnes dans la classe pensent vraiment que j'ai tout pour moi, que j'ai tout pour réussir dans la vie. Ils ne voient pas la partie immergée de l'iceberg. J'ai toujours besoin d'aide. Je ne suis pas comme tout le monde. Je ne le serai jamais. Et la plupart de mes camarades de classe ne le comprennent pas.

Alors, j'écris une lettre. Une lettre à l'intention de mon professeur principal. Lui a totalement intégré ma particularité. Je me souviens que, pendant certaines récréations, je suis seul dans le couloir, et il vient me dire :

— Ne reste pas tout seul, Romain, va t'amuser dehors.

Il sent que je suis triste, il est conscient de ma sensibilité face au monde extérieur. Aucun professeur ne se met à ma portée comme lui le fait. Et son attention joue beaucoup pour moi. Je suis très proche de lui parce que, pour moi, c'est le père de cette école. Il sait de quoi il parle. C'est une personne référente. Il me fait un peu penser à mon grand-père. Ce sont des hommes qui ont une façon de voir la vie avec précision, qui savent se saisir des problèmes avec dextérité. L'expérience. Ils incarnent l'expérience.

Cette lettre que j'ai rédigée, il décide de la lire à voix haute devant toute la classe. Il a les larmes aux yeux en la lisant. Il a du mal à la finir. Dans cette lettre, j'explique que je sais bien que je suis différent. Tous les efforts pour avoir la bonne attitude, la fatigue énorme qui découle de ces efforts, la mobilisation de toute mon énergie pour être concentré, suivre les cours et comprendre ce qui m'est enseigné. Le combat que je mène pour paraître comme eux et, par-dessus tout, ma volonté chevillée au corps d'être parmi eux. Je me confie et leur ouvre mon cœur, je leur explique ce que je ressens, ce que je vis.

Après cette lecture, l'intervention de mon professeur va changer toute l'atmosphère de la classe. Il leur parle, en mon absence, pour leur expliquer. C'est beau ce qu'il a fait. Il est venu changer une partie du monde. La création commence comme cela. La vie, ça ne doit pas être que des carrés, les neurotypiques, mais aussi des gens qui ne rentrent pas dans les cases, des ronds. On est différents. Les élèves ont pris conscience de la personne que j'étais. C'est comme si on avait brisé la glace. Je vois des élèves changer radicalement. Ils ont compris que j'analyse bien la situation, que je vis les choses, même si je ne communique pas ou très peu. Le fait que je me suis exprimé par écrit leur a ouvert les yeux. Ils se sont aperçus qu'il y avait quelqu'un, là : Romain a des sentiments.

Pour moi, c'est une expérience positive. La troisième est une année où je me suis ouvert.

En fin de troisième, j'ai la possibilité d'inviter des copains de classe chez moi pour fêter mon anniversaire. Jean-Sébastien et Nicolas viennent à la maison. On fait une super fête, avec les amis d'Alexandre aussi.

Théo et Mathis, mes petits frères, sont là évidemment. Tout ce petit monde se connaît, nous fréquentons tous la même école. J'en garde un très bon souvenir. On sort à l'accrobranche, on s'amuse. Tout semble naturel. C'est vraiment une journée extraordinaire.

Jean-Sébastien a un peu effacé ma différence en acceptant de me parler, en venant chez moi, en m'invitant une fois chez lui... Je le connais depuis la cinquième. Il est atypique, pas comme les autres, et c'est sans doute ce qui nous rapproche. Franco-Anglais, il subit le jugement de nos camarades, de la jalousie parce qu'il est bilingue, de l'incompréhension parce qu'il est d'ailleurs. Il réunit finalement tous les élèves de la classe de cinquième, à la fin du collège, pour une grande fête chez lui, pour qu'on se retrouve tous une dernière fois. Je n'ai jamais été invité à une autre soirée. Alors, de participer à celle-là, c'est un très beau souvenir.

Je ne quitte pas la troisième de gaîté de cœur parce que c'est laisser derrière moi ce qui s'est construit mois après mois, année après année dans la bienveillance, le respect mutuel, le partage, l'apprentissage dans la rigueur, et toute une équipe de professeurs autour de moi, très bien formée à l'accueil de ma différence. Si j'étais quasiment mutique en cinquième, j'ai fini par nouer des relations avec certains, et l'épisode du mot a provoqué une vraie prise de conscience chez mes camarades. La page qui se tourne avec la fin du collège commençait juste à s'écrire. C'est au moment des premiers échanges, au moment où quelque chose se construit enfin, qu'il faut tout recommencer. C'est frustrant, attristant et déchirant. Je sens physiquement cette déchirure. J'ai fait tellement d'efforts pendant trois ans pour améliorer mon comportement, pour trouver ma place, et, au dernier moment, c'est fini. Dommage.

Et je ne retrouverai jamais ensuite ce que je touche du doigt à la fin de la troisième. La plupart de mes copains restent dans le même établissement, ensemble. Même si je suis un élève hyper motivé, sérieux, mes résultats ne me permettent pas de poursuivre dans l'enseignement général. Je dois trouver une autre voie. Ma propre voie.

10

Mes passe-temps

C'est drôle de constater que ce qu'on appelle des intérêts spécifiques devient des « occupations » ou des « passe-temps » en grandissant. C'est beaucoup plus acceptable et accepté. Tout adolescent a ses préoccupations qui changent, le besoin de se retrouver entre ados, de faire des sorties, de vivre de nouvelles expériences ou encore découvrir de nouvelles musiques. J'ai la chance que les miennes correspondent à celles de la plupart des adolescents. Les écarts se resserrent.

Mon cousin, Nicolas, de deux ans et demi plus vieux que moi, et à cet âge-là, cela paraît énorme, je le considère comme le grand frère que j'aurais voulu avoir, rien que pour me montrer l'exemple. À la maison, le grand frère, c'est moi. Tant bien que mal. Mais Nicolas joue ce rôle d'aîné. Il est enfant unique et vient assez souvent passer des week-ends chez nous. On est vraiment heureux ensemble. Quand il arrive, on se fait une soirée pizza, on se regarde un film. Plus tard, dans les années lycée, il m'emmènera avec Alexandre au cinéma. C'est le premier de notre génération à aller en boîte, à décrocher un emploi, à avoir une voiture... C'est incroyable comme j'idolâtre mon cousin. Et c'est surtout lui qui me fait aimer la foire Saint-Romain, la plus grande fête foraine qui s'installe dans notre ville, chaque année durant un mois.

Petit, je n'aime pas ça. Les bruits trop forts me font pleurer. Les lumières qui clignotent dans tous les sens m'éblouissent. Trop de sollicitations : je ne sais pas gérer. Mais, dans ces années collège, Nicolas m'y emmène à nouveau. Et c'est une révélation. C'est avec lui que je découvre les manèges à sensations. On monte dans quelques manèges et on décide finalement de tenter le King. C'est le plus gros manège de la foire Saint-Romain. Il me dit :

— Bon, on le fait, celui-là ? Alors, on y va. On nous met le harnais de sécurité, et là, il m'avoue qu'il m'entraîne dans un manège qu'il n'a encore jamais essayé ! Le wagon part, et on a la sensation mortelle de notre vie. Accélérations, descentes, virages. Finalement, c'était génial, c'est un très bon souvenir que nous avons en commun.

J'ai attrapé la passion des *roller coasters*, ces grands huit, ces montagnes russes, comme on attrape un virus. Je demande un jeu sur CD-ROM, *Ultimate Roller Coaster*, pour simuler des manèges. Je me mets à fabriquer des rails de grand huit dans ma chambre.

Je veux comprendre toutes les techniques d'assemblage et de confection de ces manèges. Pourquoi les wagons peuvent-ils monter dans ce sens ? Comment se fait-il que le wagon reste sur les rails ? Je veux tout savoir. Un neurotypique se contente de la sensation. Moi, je veux comprendre. Je trouve ça fascinant. Comment le manège est-il construit ? Quelle est la taille des roues ? Comment le manège part dans une direction ? Comment fait-il pour revenir ? Quel est le point de gravité ? Le point de friction ? À quel moment ça accélère ? À quel moment ça décélère ? Quels sont les enjeux pour qu'on prenne un maximum de sensations ? J'ai tout analysé, tout. J'ai découvert comment était construit ce manège et pourquoi le wagon ne se décrochait pas lorsqu'il prenait un virage. J'ai vu des *roller coasters* en vidéo dont les nacelles faisaient des loopings. Comment le wagon peut-il tenir la tête en bas ? C'est insolite. Les concepteurs défient les lois de la gravité, et les gens sont contents à l'intérieur. Pour moi, c'est extraordinaire.

Quand je réalise mon premier *roller coaster* miniature, je sais qu'il faut quatre essieux, avec une roue en haut, une roue sur les côtés et une roue en bas pour maintenir le wagon sur des rails parallèles. Il a fallu que je découvre tout ça. J'ai même eu l'idée de démonter plein d'effaceurs dont j'avais chauffé les tubes pour faire des rails.

Cela me poursuit jusqu'aux années lycée. Je passerai des heures et des heures à marcher de long en large sur les quais où s'installe la foire Saint-Romain. Il m'arrivera même de poser des questions aux forains que j'observe pendant le montage de leurs manèges. Celui qui est le plus impressionnant et qui m'intéresse le plus à l'époque, c'est le King Mondial Ride. Je veux comprendre comment fonctionnent les mécaniques. Je vais même en dessous des machines. On apprend énormément en allant sous les manèges… Ce n'est pas forcément prudent, et les forains ne sont pas toujours accueillants. En tout cas, les codes sociaux ne sont pas les mêmes qu'ailleurs. Je me fais attraper parfois. Les forains me demandent ce que je fiche là. Ce n'est pas forcément très sûr. Alors, je me promène l'air de rien, mon cartable sur les épaules, les mains dans les poches. Tête en l'air. Et parfois, je trouve la réponse à une question que je me pose, d'un coup. C'est un jeu pour moi. Les manèges me fascineront toujours. Partir d'un morceau de métal, qui s'assemble à un autre morceau de métal, et que d'autres pièces s'assemblent avec beaucoup d'autres pour former un truc gigantesque.

Je regarde aussi des vidéos de montage de manèges sur Internet. J'appuie sur PAUSE pour regarder précisément comment deux pièces sont assemblées, comment un mouvement est provoqué. Je ne m'intéresse pas qu'aux montagnes russes. Je monte un jour dans le Bomber Maxxx. Il est fascinant, avec ses mouvements à soixante mètres au-dessus du sol. Et je veux comprendre comment les nacelles font pour tourner sans que le câble à l'intérieur se casse… Il y a plein de câbles dans le manège. Comment le rotor tourne-t-il sans que les câbles s'enroulent autour ? Ce ne sont pas les questions qui manquent. J'adore ça.

En plus, ça m'inspire, les couleurs et les mouvements qu'il y a à la foire Saint-Romain. Moi qui suis très sensible aux sollicitations, même les odeurs me touchent. Je suis très barré dans ma tête dans ces moments-là ; je ne suis pas foufou, je ne cours pas partout, je n'ai pas du sang qui me sort par le nez, mais je me sens euphorique. C'est un bouillonnement, une effervescence interne.

Je fais pendant une période pas mal de tests de son, de lumières. J'ai commencé très tôt, avec les Logibloc. Ce sont des blocs électroniques. Des coffrets de montage électrique qui sont destinés aux enfants de plus de sept ans. J'en avais moins. Chaque bloc contient un circuit électrique avec une fonction déterminée. Et les coffrets permettent de construire des choses précises : systèmes d'alarme sensibles au toucher, à la lumière, vaisseau spatial interactif... Très vite, tout comme pour les Lego, je n'ai plus suivi les plans établis et j'ai imaginé mes propres applications. J'avais un vrai intérêt pour tout ça. Tout partait de la batterie ; je savais que c'était la pièce maîtresse qu'il me fallait pour connecter le système. Je pouvais ensuite brancher les systèmes entre eux. Et une fois que j'ai compris ça, c'était très instinctif : je savais dans quel sens allait se diriger le courant, quelle information serait transmise au récepteur, je savais exactement comment ça allait fonctionner. J'ai par exemple créé dans ma chambre, avec un fil dénudé, un système d'alerte sonore qui se déclenchait chaque fois qu'on ouvrait la porte. Pas mal, du haut de mes cinq ans. J'ai toujours été fan de sons, de vibrations sonores. Il y avait une logique à ce que cela continue avec les manèges.

J'ai une autre passion qui remonte à ces années-là : la musique. Je commence avec la guitare. Puis je passe au piano. J'ai toujours été fasciné par la musique.

Il y a la période tecktonik, entre dix et douze ans. Je suis un bon danseur de tecktonik. Je crée même un boys band avec mes trois frères : les Tecknoboys. Nous dessinons une grande affiche sur un vieux drap que l'on tend par deux grands bâtons pour faire notre fond de scène, et on danse la tecktonik, tous les quatre. C'est moi qui danse le mieux, et Alexandre n'y arrive pas aussi bien. Ce n'est pourtant pas compliqué. Passer un bras, se retourner, faire le mouvement… C'est de la chorégraphie : je me donne à fond, et nous faisons tous les mêmes gestes en même temps.

On écoute beaucoup de musique à la maison. Papa est surtout variété française, maman fait le grand écart entre la musique moderne et la musique classique. Comme tout le monde, je suis d'abord sensible à ce que mes parents écoutent. Au départ, je ne danse pas, je suis un petit zébulon qui tourne sur lui-même, avec un grand duvet que je tiens et qui tourne avec moi. J'adore tourner sur la musique. Les musiques ont des couleurs, de l'émotion, du mouvement. Je vis la musique, je la ressens. Je passe du fluide, au rapide, au puissant. Puis en grandissant, vers l'âge de sept ans, on écoute des musiques de comédies musicales comme *Les Rois du monde*. Sur la pochette, il y a un beau gosse avec des cheveux longs : ça, c'est le roi du monde ; il sait chanter, danser, il fait craquer les filles… Puis *Aimer, c'est ce qu'il y a de plus beau…* de la comédie *Roméo et Juliette*. Ce sont les deux titres qui ont marqué mon enfance.

Évidemment, mes goûts évoluent. À l'adolescence, je découvre la techno house. Je serai toujours fidèle aux musiques électroniques. J'écoute NRJ, puis Fun Radio. Lady Gaga, David Guetta, Bob Sinclar, Martin

Solveig… Ces musiciens, ces DJ rythment mon adolescence. On s'échange entre frères nos musiques sur lecteur MP3.

J'aime découvrir de nouveaux artistes dans le monde de l'électro. Au lycée, je suis fier d'écouter ma musique. J'écoute ce que je trouve sur Internet, et j'ai comme une prédisposition à repérer ce qui va marcher, je sais quelles musiques vont avoir un énorme succès. J'écoute plutôt des choses avant-gardistes. Je fais écouter de la musique à ma famille avant que ça devienne des tubes à la radio. Je sais ce qui va plaire. Je fais partie des tout premiers à avoir regardé *Gangnam Style* sur YouTube. Je trouve les sonorités innovantes. Les vibrations de cette musique sont très particulières. L'ambiance est différente. Le chanteur, une tornade ambulante. Je suis sûr que ça va accrocher. Et je ne me trompe pas : c'est la première vidéo qui dépasse le milliard de vues, puis les deux milliards, sur YouTube. Je m'amuse ainsi à deviner quelle musique va marcher en radio.

Je passe ma vie sur YouTube. J'y découvre plein de choses, du pliage d'origamis aux plus grands *roller coasters*. Mais c'est surtout là que j'écoute de la musique. J'affine mes goûts en ayant accès à tout. Je m'intéresse à la façon dont la musique est construite : les vibrations, les mouvements, la rythmique, les harmonies… J'écoute aussi de la musique classique. Je m'en inspire quand je joue au piano. Je n'ai jamais suivi de cours, mais j'ai l'oreille absolue et j'arrive à reproduire les mélodies que j'entends. Je compose mes propres musiques au piano, c'est un passe-temps apaisant et passionnant. La richesse du classique est infinie et c'est souvent l'origine de mes inspirations au piano, mais quand j'écoute de la musique, je préfère les rythmiques de l'électro, les mouvements me correspondent plus.

J'ai même une période rebelle, comme tout le monde : j'écoute Marilyn Manson. Mais ça ne dure pas longtemps. Je ne comprends pas l'intérêt, lorsque je découvre le personnage, sa façon de s'habiller incroyable. Pourquoi arriver comme ça dans le monde, au point de vouloir effrayer les enfants ?

En parlant de mon enfance, mes parents, comme tous les autres, ne cesseront de m'encourager à m'initier à toutes sortes de sports. J'essaie plein de choses. Pas toujours avec succès. De la gymnastique, pour commencer. Je suis très mauvais. Du judo. C'est plutôt bienveillant. Je suis en CP. Pas plus concentré sur un tatami qu'en classe. Je ne comprends rien aux consignes. Je cours sur le tatami, j'essaye de monter à la corde. Je pars parce que j'ai autre chose en tête. Ce n'est pas très gérable. Pourquoi se mettre par terre sur le tapis ? L'objectif de la manœuvre m'échappe.

L'équitation est un grand moment. Le problème, c'est que le cheval ne m'aime pas. Il s'appelle Petit Indien. Tout le monde reste sur sa monture. Mais moi, je suis tellement stressé que je serre les cuisses, probablement trop… Et quand j'ai peur, je lui appuie sur la croupe. Mauvaise pioche : Petit Indien m'envoie par-dessus la barrière. Je ferais bien le cow-boy pour faire du rodéo et essayer de tenir le plus longtemps possible, mais ce n'est pas le but. Les bleus que j'ai ! J'y retourne pourtant. Mais je finis par terre à chaque fois… Je serre trop fort mes jambes et Petit Indien n'apprécie pas. Il aurait peut-être fallu que je me mette debout sur les étriers, mais ce n'est pas comme ça que l'on monte à cheval. Tout cela ne durera pas très longtemps.

L'épisode karaté ne peut pas être évité. C'est le sport que pratique mon père depuis toujours. Je dois tenter ma chance. Je découvre les katas à mémoriser. C'est une sorte de chorégraphie qui simule les principes de combat et qui est évaluée pour le passage des ceintures. Les kiai, qui sont des cris libérateurs d'énergie… J'ai horreur des cris, alors, quand quelqu'un s'approche trop près de moi en faisant de grands gestes, très peu pour moi, je réagis :

— Mais calme-toi, je suis juste devant toi, ne fais pas autant de bruit...

Quand on commence à me toucher :

— Non, tu ne me touches pas, j'aime pas qu'on me touche...

Et puis je suis aussi souple que la tour Eiffel, alors, les exercices… Impossible de réussir dans ce sport. Je laisse la ceinture noire à papa. J'aurai essayé !

Je m'inscris dans un club de badminton pour ados et adultes. Je n'y crois pas trop, mais ce n'est pas nul comme je l'imaginais au départ, et papa me trouve plus rapide que lui. Le badminton de jardin, c'est bien, c'est tranquille, mais en club, sérieusement, ça change la donne. La vitesse d'un volant professionnel est incroyable : ça fuse. Je ne suis pas le meilleur, mais je me débrouille.

Alexandre, Théo et Mathis font du roller vitesse… Mais l'équilibre et moi, ça fait deux. L'expérience tourne au fiasco. Pas vraiment la peine d'insister.

J'essaye le tennis. L'entraîneur me fait bien rire. Il aime beaucoup le soda. Je me souviens que je rentre en me disant que j'aurais pu faire mieux. Je veux être aussi bon que les autres et je tente un tournoi. Le match ne se passe pas bien, je ne suis pas en face de joueurs de mon niveau, mais de mon âge et je perds. Je ne me réinscrirai pas l'année suivante.

En fait, le sport, ça ne me parle pas du tout.

11

La seconde

Il convient de décider ce que je vais faire plus tard. Après… Quand on entend « après », en tant qu'autiste Asperger, ce n'est jamais facile. Savoir que je vais changer d'établissement, sans savoir à quoi m'attendre. C'est une sensation terrible. Je n'aime pas le changement.

Je pense un moment me diriger vers un bac SEN, pour « systèmes électroniques et numériques ». C'est une formation qui apprend comment brancher un home cinéma dans une pièce, comment optimiser le son, comment connecter les LED. Il y est question de distances, de fréquences, de systèmes électroniques, de câbles, d'interrupteurs, d'informatique. Le sujet me plaît, c'était dans la continuité de ce que j'aime faire : démonter, fabriquer, comprendre comment les systèmes fonctionnent. Je suis allé voir au lycée comment ça se passe. J'ai des étoiles plein les yeux, parce que je trouve incroyable tout ce qu'on peut faire. Le problème, c'est le niveau de math. Je ne pourrais pas suivre et, vu le coefficient au bac, cela me pénaliserait pour décrocher mon diplôme.

Lors de la dernière réunion de l'équipe de suivi scolaire avec mes parents, les professeurs du collège émettent des idées. Dans tous les sens. L'un m'imagine en maison familiale et rurale m'occupant d'animaux... Ça ne me parle pas du tout, les animaux ! S'il savait le désastre, aucun intérêt. Rien ne ressort vraiment des discussions. C'est le flou le plus total. La réunion se termine, tout le monde est en train d'enfiler son manteau, se salue, déjà dans le couloir. Le directeur des études se tourne alors vers mes parents. Il a une idée :

— L'année dernière, j'ai envoyé quelqu'un en bac pro métiers de la mode et des vêtements. Connaissant Romain, son goût pour les habits et son imagination, pourquoi pas ? En tout cas, c'est un bon établissement. Allez voir.

Maman m'en parle le soir. Et cela s'impose comme une évidence, comme si la mode avait toujours été là. Cette perspective efface toutes les autres portes de sortie qu'on avait pu évoquer. Le bon chemin s'ouvre devant moi, comme si le brouillard se levait d'un coup. Je sais que c'est la bonne solution, parce que depuis que je suis tout petit, j'ai toujours aimé les personnes bien habillées, j'ai toujours aimé toucher le tissu, j'ai toujours créé plein de choses, j'ai toujours été très inspiré... Et en plus, la précision que cela demande... C'est une qualité dont on a énormément besoin dans le monde de la haute couture et de la mode. Tout est réuni d'un seul tenant : la mode. La mode me convient absolument. Sans discussion, sans hésitation. Je connais les tissus qui me plaisent, ceux que je n'aime pas. Enfant, je rêvais d'avoir une montgolfière, parce que j'adorais toucher ce genre de tissu, et en plus, on pouvait voler avec.

Je n'avais jamais envisagé cette direction, je ne me doutais pas que ce serait possible, mais en y réfléchissant bien, c'est exactement la chose pour laquelle je suis fait. Ce sera la mode.

Je me rends au lycée professionnel pour une journée d'inclusion. Voir, concrètement, comment les choses vont se passer. Je visite les locaux, là où je vais étudier. Pour moi, c'est bon enfant. Même si c'est compliqué de quitter le collège pour aller au lycée, je me sens rassuré. Mais, en fait, je n'imagine pas du tout ce qui m'attend réellement. La promotion qui termine son année a l'air formidable. Les élèves se parlent, ils ont l'air de bien s'entendre, de s'apprécier. Je rêve d'être dans une classe comme celle-là. J'ai envie de travailler, de progresser. Je pense que ça va être du dessin, une discipline très artistique. Formidable.

Et voilà la rentrée en seconde… J'ai une pression encore plus importante qu'à l'entrée au collège. Cette fois, c'est la porte d'entrée dans le monde professionnel. J'ai pris de l'expérience, mais on est là dans un monde d'adultes, pas forcément dans un monde d'adultes bienveillants. Les choses sérieuses commencent.

C'est une petite classe, une promotion dans laquelle je suis le seul garçon. Et je garde un point de repère : Annie qui m'a suivi. Je le vis comme une bonne chose. Une référence sûre.

Je veux éviter les soucis éprouvés au collège, alors, j'explique ma différence devant tout le monde dès les premiers jours, afin de tenter de désamorcer la bombe qui m'a explosé au visage en troisième. J'ai vraiment envie de me faire accepter en mettant les points sur les « i » et les barres sur les « t » pour que l'on n'ait pas peur de moi. J'ai juste besoin qu'on m'aide, et que, si je parais parfois distant ou difficile d'accès, ce n'est qu'une apparence et il faut que chacun sache que je suis une bonne personne. J'ai envie de me faire des amies dans la classe, et je suis disponible pour répondre aux questions à mon sujet.

Mais je sens immédiatement que ça va être très compliqué. J'ai en face de moi des filles qui n'écoutent pas ce que je dis. Elles ne comprennent pas pourquoi je parle de tout ça. Je passe pour quelqu'un à l'ego surdimensionné, qui souhaite marquer sa différence et bénéficier d'une chance supplémentaire par rapport aux autres. Mon intervention rate totalement son objectif, et les mauvais jugements sont immédiats : qu'est-ce que c'est que ce type qui essaie de se rendre intéressant ? Elles n'ont rien compris de ce à quoi je fais face. Par quel favoritisme une personne adulte dédiée l'accompagne-t-il ?

Si elles savaient les efforts que je fais ! J'ai toujours un gros problème avec la gestion du temps. C'est une des conséquences de mon syndrome. Mais, bien entendu, je dois arriver à l'heure. Je cours parfois pour arriver à l'heure alors que j'ai de l'avance. D'autres fois, j'oublie l'heure. Lycéen, je deviens de plus en plus autonome par rapport au collège, et je m'efforce de retrouver les salles, me souvenir de l'emploi du temps. Tout cela me fatigue énormément. Il faut que je m'adapte et, en plus, je dois me donner du mal pour m'intégrer. Je rends service, je prête mes affaires quand on me les demande. Trop d'ailleurs, parce que j'ai souvent du mal à les récupérer. On déplace, vole ou détériore mes affaires. J'évite généralement d'en parler. La blessure sera toujours là pourtant, sous-jacente.

Mais je me heurte à l'incompréhension de ces difficultés. Il faut dire que je suis dans les premiers à entrer au lycée avec une AVS. Personne n'a d'expérience, encore moins de recul. Je pousse les portes, j'essuie les plâtres, non seulement avec les élèves, mais aussi avec certains professeurs. J'entends des réflexions du type « Le lycée, ce n'est pas une garderie… » ou « Tu n'as pas besoin d'une AVS, ici, c'est un lycée professionnel et, dans le monde professionnel, tu n'auras pas quelqu'un auprès de toi ! » Si j'avais été en fauteuil roulant ou encore aveugle, les gens auraient bien compris que j'avais besoin de quelqu'un auprès de moi pour m'aider, me guider. Ce manque d'information sur l'autisme, sur cette singularité qui devient de plus en plus invisible et pourtant bien réelle, ajouté au chamboulement que représente l'inclusion en milieu scolaire rendue obligatoire par la loi, subie et non voulue par certains professeurs, conduit à une incompréhension et un rejet dont je risque d'être le premier à souffrir.

Alors, à la demande de mes parents, un psychopédagogue, qui me connaît très bien puisqu'il faisait partie de l'équipe pluridisciplinaire de l'institut de jour, intervient dans la classe sans que je sois présent. C'est LE spécialiste de l'autisme, habitué à faire des conférences et intervenir dans les écoles, pour expliquer avec des mots simples la complexité de la neurodiversité. Mais cela ne se passe pas bien. Les élèves ne l'écoutent pas, pianotent sur leurs portables, discutent pendant ses explications. Il finit par taper du poing sur la table en demandant qu'on l'écoute, sans vrai succès, et, lorsqu'il ressort de cette séance, il fulmine : il n'a jamais vu un tel manque de respect, un tel manque d'écoute, une classe aussi mal tenue alors qu'il est loin d'être à sa première intervention pour sensibiliser les élèves à l'autisme… Je ne suis pas sorti d'affaire.

Au fur et à mesure, je me rends compte que la personne avec laquelle tout va être vraiment compliqué, c'est ma professeure principale. C'est aussi ma professeure de couture, la personne incontournable, celle qui détient les clefs de mon avenir.

Elle ne comprend pas les difficultés auxquelles je suis confronté au quotidien. Un jour, elle nous demande de faire un exercice à la maison. Découper et ramener des cols de différents styles, de différentes formes. Alors, je découpe des cols. Je plonge dans un carton de vieux vêtements, dans le garage familial, armé de mes ciseaux, et je découpe. C'est long, fastidieux, parce que j'essaye de bien découper, forcément. En classe, tout le monde me regarde bizarrement. J'ai encore compris de travers : il fallait découper des cols dans des magazines, des catalogues, pas s'en prendre à de vrais vêtements. Autiste Asperger, je prends tout au pied de la lettre : pourquoi les personnes disent une chose si cela en signifie une autre ? C'est déjà assez compliqué comme cela, non ? Je suis jugé, catalogué. Le regard des autres est douloureux, je passe pour un idiot, quelqu'un de pas intelligent du tout. Ce n'est pas ça le problème, mais comment le leur faire comprendre ?

Pendant les cours, j'ai besoin d'être soutenu pour ne pas être confronté à ce genre de problématique. Il me faut l'aide de mon AVS pour être à la hauteur. Ne pas faire d'erreur de compréhension. Pourtant, ma professeure de couture l'exclura après qu'une élève a rapporté qu'elle m'aiderait à faire mon travail et répondrait à ma place. Ça n'a aucun sens. C'est de la jalousie. Rien d'autre. Ma professeure envoie Annie dans la classe d'à côté, où il y a un petit local sans fenêtre, dans lequel on stocke des mannequins, du matériel. Et elle la confine là. Elle se justifie en disant qu'il faut que je m'habitue à être autonome dans les matières professionnelles, mais je pense qu'elle a surtout beaucoup de mal à supporter sa présence dans sa salle de classe. Nouvelle réunion avec mes parents pour faire le point.

Dans ce contexte d'ambiance de classe, le rôle de mon AVS est pourtant primordial. Elle n'est pas seulement là pour reformuler les consignes des professeurs, prendre mes cours en note et me permettre de les comprendre. Elle est aussi là, surtout là, pour me protéger des agressions qui se multiplient insidieusement, de toutes parts. Je me retrouve affaibli, et sans aucune protection contre le monde extérieur que je trouve particulièrement hostile. Sans mon AVS, je me sens comme un soldat dans une bataille à qui on a enlevé son bouclier et son épée.

Tout devient prétexte à me mettre en difficulté. Il m'est arrivé le matin d'arriver en cours juste au moment où la sonnerie retentissait. J'habite à plus d'une demi-heure de route, et, quelles que soient les précautions prises, les bouchons sont parfois trop denses pour que je puisse être en avance. Il m'arrive d'être déposé juste à l'heure. Pas vraiment en retard, juste avant la sonnerie ou au moment de la sonnerie. Mon père est très pointilleux sur les horaires, et nous faisons au mieux. Mais ce jour-là, j'arrive après la sonnerie. Les filles sont en train d'entrer dans la classe, je vois la dernière franchir le seuil de la porte. Ma professeure de couture me voit arriver de loin et verrouille la porte à clé. Ce jour-là, mon AVS est absente. Je reste derrière la porte dans le froid pendant de longues minutes, peut-être dix, histoire sans doute de me faire comprendre que cela ne se fait pas. Il y a comme une fenêtre intégrée à cette porte de salle et je vois la professeure, elle me voit aussi, toutes les élèvent se marrent. Elle ne m'ouvre pas. C'est hyper frustrant : je suis un élève sérieux, qui veut bien faire, je travaille dur. Cela n'a aucun sens de perdre du temps à être puni pour rien et, surtout, c'est très blessant de faire rire de soi par l'ensemble de la classe. Le sentiment d'injustice est immense. Mais je me dis d'abord : « C'est normal, c'est comme ça que ça marche, c'est pour nous préparer au monde professionnel. » J'imagine que c'est peut-être ainsi que l'on est traité dans le bureau d'un patron qui fermerait la porte au nez de ceux qui arrivent en retard. Mais je sais bien aujourd'hui que ce n'est pas ainsi que les choses se passent.

Au fil des semaines, ça continue. J'analyse l'immense favoritisme au bénéfice des filles. Je suis le seul garçon parmi les vingt élèves de la classe et je suis comparé à un jeune qui a fait ses études deux ans avant moi dans la même section. Il a laissé une empreinte forte dans l'établissement, est considéré à juste titre comme un créateur de talent. Il est devenu une référence pour ma professeure : l'élève modèle, celui auquel comparer tous ceux qui suivront. Chaque fois que j'essaie de donner le meilleur de moi-même, la professeure rappelle qu'elle a connu un élève extraordinaire, qu'il n'y en a pas d'autres pour lui arriver à la cheville et qu'il ne sera jamais détrôné.

Qu'importe ce que je fais, la qualité de mon travail, les efforts que cela représente. J'ai une étiquette qui me colle à la peau. J'ai toujours la plus mauvaise note. Mais je sais quand ce que je fais est bien. Je sais lorsque mon travail est plus réussi que celui des autres. Cela n'y change rien. Le sentiment d'injustice grandit. Je suis malheureux dans la classe.

Sur les temps de récréation, ce n'est pas mieux. Si j'aborde une fille dans la cour pour discuter un peu, ce qui m'est arrivé, celles de ma classe s'en mêlent et se moquent de moi. Elles me privent du droit d'essayer d'avoir une vie personnelle. Pourtant, cela ne les regarde pas !

12

La détresse

Les murs de mon corps se resserrent petit à petit sur moi. Au fur et à mesure, tout s'effrite dans ma tête. Je me suis fragilisé. Et chaque coup, aussi petit soit-il, s'ajoute à ma faiblesse. Je suis détruit au fil des semaines. Une vraie souffrance parce que je suis pris dans un étau qui se resserre toujours un peu plus. Il n'y a pas moyen d'en sortir.

Un jour, j'essaye de dire stop, que ça s'arrête. Une élève me dit un mot de travers en classe de couture. Un mot de trop comme une goutte faisant déborder le vase. Je me lève un peu vite, ma chaise valdingue derrière moi, et je me révolte : « Occupe-toi de toi », suivi de deux insultes bien senties. Pourtant, je n'insulte jamais personne. J'essaye d'être le meilleur possible avec les gens. Mais la soupape a sauté, je n'ai plus de solution… Je veux marquer le coup. Je veux qu'elle comprenne à quel point elle me fait du mal, à quel point c'est ingérable pour moi d'être confronté à cette hostilité. D'elle et de tous les autres. Dire stop est fondamental. Il faut qu'on arrête de m'attaquer de toutes parts. Mais cela se retourne encore une fois contre moi, je me retrouve collé pour la première fois. Par cette professeure de couture. Et je l'accepte forcément très mal. Lorsqu'un enseignant met une retenue à un élève, quoi qu'en pensent les autres adultes, la procédure va jusqu'au bout. Je devrai, de 8 h à 10 h, écrire un texte, seul, pour montrer que je comprends les conséquences de mon geste. Deux heures d'écriture alors que mon AVS prend en note tous mes cours… La punition dans la punition, comme si cela ne suffisait pas… Le conseiller principal d'éducation voit mon désarroi, mes parents interviennent auprès de la directrice des études, non pas pour contester la retenue en soi, mais pour évoquer les difficultés qui s'installent de plus en plus… Cette femme est très à l'écoute, c'est avec elle que j'ai passé un entretien pour connaître mes motivations et qui a accepté, en toute connaissance de cause, ma candidature. Ma punition est adaptée, j'aide deux heures au self à ranger la vaisselle des petits-déjeuners. Un travail d'intérêt général à la place d'une retenue. Je pense que les adultes ont fait leur travail pour me protéger, mais, de retour en cours, la première chose que cette professeure me demandera, c'est la rédaction qu'on m'a dispensé de faire...

Pendant toute cette période, j'ai un soutien immense de ma psychologue Céline, que je vois toujours pour des séances approfondies lors desquelles elle m'apprend à respirer, à calmer mes émotions, à me canaliser. Mais c'est encore insuffisant pour que je reste apaisé dans ces conditions.

La vie n'a plus aucun goût. Quand je repense à cette période, c'est extrêmement violent. Je n'ai plus envie d'aller au lycée. Je ne comprends pas comment j'en suis arrivé là, amorphe, sans énergie, dépassé. C'est encore pire qu'au CP, quand je rentrais à la maison et que je pleurais toutes les larmes de mon corps. J'ai fait trop d'efforts pour que tout se termine comme ça... On me pousse à croire que mes rêves ne seront jamais accessibles. Rien dans le lycée ne me soutient, rien ne me pousse vers l'avant. On me répète sans cesse que je n'ai pas le cerveau ni la mentalité d'un styliste. Je suis crédule, innocent, je sors d'un collège où les adultes étaient bienveillants. Je n'ai pas les armes pour faire face. Je suis brûlé de l'intérieur. Calciné. Je ne vois plus rien à faire.

Ce qu'une jeune fille a écrit sur le mot au collège, je le ressens de manière palpable dans ce qui se passe autour de moi. Je ne me reconnais plus. Aller en classe n'est que souffrance. Je suis tellement seul ; le midi, je déjeune seul, je suis brimé pendant les cours et en récréation. Il m'arrive de manger un sandwich en buvant un soda sur les quais de Seine. Je regarde le ballet des mouettes, les yeux perdus dans le vague, et je me parle à moi-même : « Romain, regarde le paysage comme il est beau, regarde comme les personnes vivent autour de toi, regarde les coureurs qui passent... Celui-là pourrait être ton ami, celui-là pourrait être aussi ton meilleur ami... Mais il n'en est rien : tu n'as pas de but dans la vie, tu n'auras jamais d'ami. » Je prends conscience de la réalité. Avoir une interaction avec quelqu'un m'aurait fait tellement plaisir.

Mon seul refuge, je le trouve dans le sommeil et dans mes rêves, plus beaux que la réalité. Je vois le monde tourner au ralenti à côté de moi. Je n'en fais plus partie. Je n'arrive plus à respirer correctement. Je suis pétrifié, comme un lapin aveuglé par les phares d'une voiture.

Rester assis en cours me demande des efforts incommensurables. J'ai chaud, je transpire. Je vois mes veines gonfler sous ma peau. Certaines matières me demandent d'énormes efforts. L'histoire de la mode... Écouter ces dates, ces périodes, comprendre, retenir ce qui se dit. Les dates seront toujours tellement compliquées à retenir, les événements tellement difficiles à ordonner. J'ai d'énormes difficultés à me repérer dans le temps. Malgré les efforts, malgré les heures de travail à la maison à réviser le cours, je n'y arrive pas, je sens que je n'y arriverai jamais. Je m'endors à force d'apprendre, épuisé. Et cela se termine par un malaise, m'évanouissant dans le couloir, alors que je quitte la salle en courant, incapable de rester dans ces conditions, submergé par une crise d'angoisse.

Je termine à l'infirmerie. Il faut que je me repose. Cela ne peut pas continuer. Des enseignants commencent à s'inquiéter, et la conseillère principale d'éducation à m'écouter.

En finir. Je n'ai plus goût à rien, ni même manger. Personne ne comprend ce qui m'arrive. C'est très difficile de revenir sur le sujet. En finir avec la vie, c'est une façon d'échapper à ce monde. Je n'ai aucune envie de poursuivre mes efforts dans des conditions pareilles.

Je sais que, si je quitte le milieu scolaire, je n'aurai plus rien, plus d'avenir, aucune chance. Mais comment continuer face à des gens qui me considèrent comme un handicapé mental de qui il n'y aura jamais rien à tirer ?

Je craque. Tout est embrumé. Je dis à des camarades que tout va se terminer rapidement. La moitié des élèves ricane. Je vois dans ces rires toute la cruauté de ceux qui me traitent de débile mental, déficient, voire potentiellement dangereux… J'ai normalement beaucoup d'amour pour la vie. Mais quand je vois ce que ces gens sont capables de faire, c'est incohérent.

Un beau jour, on doit être en janvier 2011, j'ai alors dix-sept ans. J'entre dans le lycée, je monte jusqu'en haut, jusqu'à la porte fermée donnant sur le toit. Et je me retrouve là, devant cette porte. Une porte marron. Le dernier obstacle à franchir. J'ai juste à la pousser, monter quelques marches, et sauter. Je suis prêt. Si je pousse la porte, tout sera fini. Quand on est dans le noir infini, autant passer à autre chose, à un monde meilleur que celui-là.

Je ne suis pas fou, mais là, devant la porte, j'entends une voix dans ma tête, une voix intérieure me dire : « Ne le fais pas. Ne fais pas ça, ce serait un gâchis énorme. » Un sacrifice horrible pour une vie qui vaut d'être vécue. Tout me revient d'un coup. L'amour de mes frères, de mes parents. Ma famille, les gens qui comptent sur moi. Je redescends seul, sans avoir poussé cette porte. Mais je m'effondre. Littéralement, plus rien ne me permet de me tenir droit. Le soir, à la maison, j'annonce que je ne veux plus retourner en cours. J'explique tout. Je déballe tout. Je fonds en larmes. Il faut m'aider. C'est, enfin, un appel au secours :

— Maman, il faut que tu m'aides.

Je suis perdu. Le néant qui m'entoure est tellement vaste. Je n'ai aucune idée de ce à quoi je peux me raccrocher.

Évidemment, Céline m'apportera son soutien et fera, comme d'habitude, son travail de psychologue à merveille. J'en parlerai longuement avec elle après. Les conséquences d'un tel acte. Le suicide, ce n'est pas seulement soi que l'on tue, c'est sa famille que l'on détruit. Toute ma famille. Ce sont ses mots qui m'ont aidé à remonter la pente. À ce moment-là, je me disais encore : « Si ça n'était que moi, après tout, pas de souci. » Elle m'aide, pas à pas, à gérer les conflits. J'ai horreur du conflit. Je préfère discuter. C'est ce que j'aime faire le plus. Alors, je dois exprimer mon sentiment, dire quand j'ai été blessé, quand j'ai été attristé. Si la personne ne comprend pas que j'ai été blessé, tant pis pour elle, qu'elle reste dans son coin. Moi, elle ne m'intéresse plus. C'est devenu très clair dans ma tête : je ne perds pas mon temps avec de mauvaises personnes. J'en rencontrerai d'autres, la vie est ainsi faite... mais jamais, plus jamais, je ne leur ferai l'honneur de me détruire.

Il y a une réunion entre mes parents et tous les professeurs. Il faut arrêter les dégâts, mettre les choses à plat, trouver des solutions. Je ne suis pas là, bien sûr. On décide de me laisser du temps pour me reconstruire, puis me permettre de retourner en classe, dans certaines matières seulement, en douceur, pour enrayer ce qui est devenu une phobie scolaire. L'objectif, c'est que je ne lâche pas complètement. Chacun sait que l'échec serait définitif et dramatique. Je ne retournerai pas au lycée pendant plusieurs semaines.

Entre-temps, mon grand-père me parle. Peut-être qu'il était resté en retrait jusque-là, mais il trouve des mots qui vont me donner de la force pour continuer mes études. Il me dit :

— Accroche-toi, et le jour où tu auras ton bac, je serai près de toi.

Il ouvre une porte dans le noir, une porte avec de la lumière au bout du tunnel. Il m'offre un espoir. Ce sera difficile, mais je sais qu'il y a un après, que ça vaut le coup de se battre, de continuer à progresser, à avancer.

Après mon retour, je bénéficie donc d'un aménagement d'emploi du temps, de cours particuliers pour rattraper mon retard. Cela n'améliore pas les choses avec les autres élèves qui restent persuadées qu'il y a du favoritisme. Mais je respire un peu, j'ai une chance de trouver un rythme qui me fatigue moins et je n'abandonne pas l'espoir d'apprendre la mode.

La phobie ne me quittera pas jusqu'au bac, mais j'ai pu reprendre les cours. Chaque jour, je suis confronté à cette professeure qui incarne tout ce que je redoute. Et même si, les années suivantes, elle ne me fera plus cours, le seul fait de la recroiser me fera le même effet, la boule au ventre.

13

Et la vie continue

J'ai presque fini l'année scolaire et je dois faire un stage d'un mois en entreprise. Dans un lycée professionnel, la formation, ce ne sont pas que des cours. Décrocher son stage est obligatoire et ce n'est pas nécessairement ce qu'il y a de plus simple. Je passe à côté d'une possibilité à Rouen, mais finalement, j'en trouve un à Vernon. Je dois me familiariser avec les lieux et, comme d'habitude, maman m'accompagne pour la première fois sur place. Je repère les lieux. On planifie les prochains trajets que je ferai en train. Tout est une question d'organisation. Maman me conduira à la gare de Rouen et mon maître de stage m'attendra à la gare de Vernon et inversement pour le retour. Je le vis comme une respiration dans cette année de seconde qui a été très difficile. Et j'en ai bien besoin...

Créatrice de mode, styliste haute couture, mon maître de stage réalise des robes sur mesure pour ses clientes et parallèlement donne des cours de couture. C'est la première occasion de voir un vrai atelier, de toucher du doigt le métier. Alors, pour moi, c'est ce qu'il y a de plus important. Je découvre, en accéléré, la façon dont une entreprise de couture fonctionne. Il faut réceptionner les colis, traiter les commandes, répondre au téléphone… Et le téléphone, ce n'est pas un outil avec lequel je suis à l'aise.

Il y a plus vaste encore : l'organisation de l'atelier, comment il faut le ranger pour être le plus efficace possible, comment rendre l'atelier attrayant pour les clientes, apprendre à aborder ces clientes… Et apprendre à coudre sur d'autres machines que celles du lycée…

Je comprends le côté aléatoire du métier. Les commandes arrivent ou n'arrivent pas. Tous les contacts ne se concrétisent pas. On alterne les périodes d'activité intense, d'euphorie avec les moments plus calmes.

Dans ce contexte nouveau, j'essaye de tout faire comme il faut. Évidemment, elle me demande de lui présenter quelques-unes de mes créations. J'ai à l'époque un univers futuriste en tête, avec des modèles qui ne tiennent pas forcément debout… Lorsqu'elle voit le carnet de croquis, elle me demande de le refermer :

— Tu ne pars pas dans la bonne direction, essaye de faire plus simple et plus portable.

Le gros défaut de ce que je dessinais jusque-là, c'est que ça ne plaisait qu'à moi ou cela pouvait éventuellement servir pour des films de science-fiction.

Elle a vu passer de nombreux stagiaires dans son atelier ; or il se produit quelque chose de rare : elle décèle, la première, une part de mon potentiel. C'est la première personne du milieu professionnel qui me dit :

— Romain, OK, tu es différent, mais dans le milieu de la mode, ça passera totalement inaperçu. Tant mieux pour toi, travaille, et ça ira.

Vers la fin du stage, elle me demande finalement de réaliser un projet, pour voir ce que j'ai assimilé de ce qu'elle m'a dit. Je dois dessiner et produire un sac à main original, sans le recopier d'un magazine, un sac qui ne soit vendu nulle part ailleurs. Aujourd'hui, je sais faire ça, prendre des mesures, des cotations, je sais réaliser un patron. C'est maintenant d'une extrême simplicité. Mais à l'époque, je ne vois pas trop comment m'y prendre. C'est une montagne à gravir. J'ai bien fait deux ou trois vêtements en cours, je sais coudre un bouton, ou même une fausse poche sur une veste... Créer un sac, c'est une autre paire de manches. Et elle veut un sac élégant, esthétique, recherché...

Je me mets donc à l'ouvrage. Je choisis des formes arrondies, qui lui plaisent. Et je crée un sac en daim rouge, et similicuir noir. Ce n'est pas la matière la plus évidente à travailler. J'ai l'occasion de réaliser des choses à la machine dont j'ignorais tout jusque-là. Les formes d'aiguilles, le type de fil le plus résistant, les machines pour produire plus vite, les finitions à la main... C'est une accélération très rapide, puisque je n'ai pas fait ça en cours. J'apporte la touche finale à mon sac avec une broche trouvée dans une boutique de bijoux à côté de l'atelier. Elle m'offre finalement le sac en me félicitant, et je peux l'offrir à maman pour la fête des Mères.

Normalement, chaque stagiaire doit faire un rapport de stage. Et comme je n'ai pas d'AVS, c'est elle qui très gentiment joue le jeu et rédige chaque jour ce que je fais. Je peux récupérer les éléments rédigés et faire mon rapport de stage sur ordinateur après. Mon maître de stage me donnera la note de dix-huit sur vingt avec une appréciation extrêmement encourageante. La meilleure note de toute la classe.

À Vernon, je vis une autre aventure extraordinaire, exaltante. Je suis en train de coudre à ma machine et je vois passer une fille. Elle est mignonne, et cela ne m'échappe pas. Elle se tourne vers moi, me regarde à son tour. Mais je suis très intimidé, comme toujours.

Au collège, j'ai été amoureux de plein de filles, mais je n'ai jamais osé leur parler. Je n'arrivais pas à briser le silence. Je suis hyper intimidé quand je vois une fille. Impossible d'aller lui révéler mes sentiments. Tout se bloque en moi, je suis serré. Ma psychologue a essayé de me débloquer ça ; il n'y a rien à faire. On ne peut pas tout réussir dans la vie. Je suis plus du côté de l'attente que d'aller vers les autres.

J'aime les jolies femmes brunes, et là, je suis un peu subjugué par cette fille qui me regarde à la machine à coudre. Elle dégage quelque chose de rare. J'ai l'occasion de la revoir, mais sans jamais lui parler, ou presque, jusqu'à ce que l'opportunité de passer un peu de temps avec elle se présente lors d'une pause du midi. Je prends un sandwich et on part discuter sur les bords de Seine. Nous échangeons nos numéros de téléphone. Cela se fait comme ça. Le dernier jour, je travaille à fond pour finir mon projet de sac. Et tout se termine. À la fin de la journée, je fais mes au revoir à mon maître de stage.

Je quitte Vernon et je me dis que l'histoire qui n'a même pas commencé avec la fille s'arrêtera au souvenir de notre déjeuner ensoleillé. Mais, quelques jours plus tard, je reçois un SMS. C'est elle. Nous décidons de nous appeler. J'entends sa voix, elle est un peu nouée :

— Je voulais t'avouer quelque chose que je ne t'ai pas dit… Romain, j'ai des sentiments pour toi.

J'ai toujours espéré une relation simple, fluide. Je suis tombé amoureux de cette fille dès le premier regard. Je la trouve belle, extraordinaire et fascinante. C'est l'amour, avec un grand A. Alors, je lui réponds et lui dévoile à mon tour mes sentiments pour elle. Nous nous revoyons rapidement. Les hasards de la vie font qu'elle n'habite pas si loin de chez moi quand elle rentre chez ses parents le week-end. Ce rendez-vous est magnifique. J'ai mon premier baiser d'amour. Je suis impressionné. Je suis en découverte. Je n'ai jamais embrassé de fille. Sauf un smack à l'arrière d'un bus, à la suite d'un pari où tout le monde s'était moqué de moi. C'est ma toute première relation vraie. Une nouveauté, à la fois attrayante et un peu effrayante. Mais je n'ai aucun problème à prendre un engagement, je suis quelqu'un qui tient parole.

J'ai classé les bisous dans différentes catégories. Catégorie 1, c'est sur la joue. Catégorie 2, c'est sur la bouche. Catégorie 3, tu mets la langue... Et moi, je n'aime pas trop la catégorie 3.

Elle a compris à quel point je suis différent. Elle se montre attentionnée, patiente. Elle prend le temps avec moi de bien faire les choses. C'est beau. Le contact physique est agréable, et désagréable à la fois. J'aime beaucoup les bisous. Je ne ressens la vie que par les émotions, les sentiments et le toucher. Et plus on s'embrasse, mieux c'est, nos regards enflammés plongés l'un dans l'autre.

La sexualité n'a jamais été un sujet tabou à la maison. J'en ai aussi souvent parlé avec ma psychologue. Comment est constituée une fille, comment se passe une relation. Je n'avance pas en terrain totalement inconnu. C'est l'été de mes dix-huit ans. Elle est un peu plus jeune que moi. Nous prenons notre temps. Plus on avance dans la relation, mieux je me sens. Je reprends confiance en moi. C'est exactement ce qui me manque après ma seconde. On évolue, tout s'enchaîne. Je fête mon anniversaire avec elle, en plein été dans le jardin avec ma famille. C'est merveilleux !

On se voit souvent en famille les week-ends. Dans la semaine, à cause de la distance, nous nous parlons en vidéo. J'aurais tenu des années et des années comme ça, tellement je l'aimais fort, mais cette belle histoire d'amour d'un an et demi se termine, malheureusement, comme beaucoup d'autres amours de jeunesse...

J'en garde le souvenir d'une période merveilleuse qui m'a redonné espoir à un moment particulièrement noir. Je l'aurais préférée plus à l'eau de rose. J'aurais tant désiré une autre fin, que rien ne se termine. Mais cela aura été un beau moment. Et c'est derrière moi, maintenant.

14

Le retour au lycée

Nouvelle année scolaire, je suis en première. Ma scolarité continue. Et, bonne nouvelle pour moi, je change de professeure principale comme de professeure de couture. Tout n'est pas complètement fini avec l'ancienne, car je dois traverser sa classe chaque matin pour aller dans ma nouvelle salle de classe. D'ailleurs, quelques jours après la rentrée, elle me refait le coup de me fermer la porte au nez devant tous ses élèves. Elle la rouvre rapidement, et je perçois comme de la satisfaction dans son regard. Elle s'adresse à moi et me dit :

— Alors, Romain, ça s'est bien passé ta rentrée ?

Et j'entends : « Alors, Romain, prêt à recommencer à souffrir ? »

Je vis chacune de ses interventions de cette façon, quoi qu'elle fasse, quoi qu'elle dise. Et rien ne pourra changer ça. Je sens chaque instant que je suis pour elle un handicapé profond qui ne peut pas comprendre son manège. Mais je suis plus fort que tout ça maintenant et je suis déterminé à avancer dans ma vie.

J'ai donc une nouvelle professeure principale qui enseigne l'histoire de la mode. C'est toujours une matière difficile pour moi à cause des repères chronologiques, mais la prof est sympa, rigolote et assez théâtrale avec ses grandes envolées lyriques pendant ses cours. Elle m'amuse.

Enfin, une nouvelle professeure de couture. Le courant passe immédiatement avec elle. J'apprendrai plus tard qu'elle a une fille handicapée, placée en institut. Je comprends pourquoi elle n'est pas désarçonnée par la différence. Elle me redonne goût au lycée avec une facilité impressionnante. Elle me fait penser à ma grand-mère avec sa douceur et sa rigueur d'esprit. On a une relation très humaine, mais très scolaire aussi. Une relation bienveillante d'enseignante à élève. Je me dis : « Ça y est, c'est ça. Cette personne va m'aider, et tout va bien se passer. C'est formidable. Sa façon d'expliquer les choses et d'orienter son cours me convient parfaitement. Son cours, c'est une horloge. Tous les engrenages s'emboîtent et tournent ensemble avec facilité. Et il n'y a jamais une seconde de retard. Elle a le talent et la passion du travail bien fait. Elle rallume la flamme qui s'était éteinte en moi. En tenant compte de mes difficultés, elle trouve la façon de m'expliquer, plus instinctive parfois que scolaire. Je pèche, niveau calcul. Alors, elle m'apporte d'autres façons d'envisager les problèmes de proportion. Par exemple ? Pour ajouter des valeurs, en couture, elle prend le mètre ruban, elle me montre :

— Là, tu as vingt-cinq, tu replies le mètre, tu reportes la longueur, et tu auras le bon résultat.

Je n'ai pas à calculer : ça marche. Ce sont parfois des techniques improbables, mais efficaces. Elle trouve toujours une solution pratique pour dépasser les obstacles théoriques que je ne peux pas franchir comme les autres. Dans un vêtement, en général, il y a deux pièces dans le dos, deux pièces devant. Je sais finalement exactement mesurer les quatre pièces en fonction de la gradation des tailles. Pas un mince exploit !

Elle m'apporte le sens de la déduction, je développe ma sensibilité à la maîtrise de la couture. Le calcul n'est plus une barrière. J'apprivoise la mode d'une façon différente. Et la mode me parle. Le dialogue s'est instauré. La mode devient un langage familier, comme une deuxième langue maternelle.

Je ne fonctionne plus du tout de la même façon que la plupart des autres élèves. J'ai la vision en trois dimensions de ce que va donner le vêtement. Je sais précisément comment vont tomber les formes, comment le tissu va réagir. Je n'ai pas encore mon meilleur niveau, mais imaginez un musicien qui entend la musique lorsqu'il lit une partition. Il sent le rythme vibrer sans que joue le moindre instrument. J'ai avec le vêtement ce type de relation. Je sais ce que cela va donner. Je le sens. C'est en moi.

L'autiste Asperger que je suis n'est pas dans la théorie, mais dans la sensation. Je prends des techniques, je les fais marcher à l'envers pour obtenir le même résultat que les autres élèves. Ma professeure de terminale se demandera ensuite comment je fais certaines choses. J'ai comme des microsimulations dans la tête qui me permettent de créer des méthodes de couture. Je n'ai plus besoin de théorie, ni même de pratique, pour savoir comment les choses vont pouvoir se faire. Cette relation de confiance, cette relation d'apprentissage avec un rythme adapté me permet de développer ma créativité, mon imagination.

Tout ce que j'ai tenté d'apprendre sur la mode est balayé comme par une tornade. C'est le calme après la tempête, ou l'œil du cyclone : je suis pile sous les rayons du soleil, dans la zone éclairée que je n'arrivais pas à trouver jusque-là. Tout est effacé pour laisser place à la reconstruction d'une structure solide à laquelle je peux m'accrocher pour progresser ensuite. Les fondations sont en place.

Mes deux professeures de couture qui vont se succéder en première et en terminale sont extraordinaires toutes les deux. J'avance à ma façon sur des projets, et elles me disent : « Mais, Romain, ce n'est pas comme cela qu'on fait », et je leur réponds : « Si. » Et, la plupart du temps, mon choix permet le résultat attendu. Et elles savent l'accepter. C'est une chance énorme qu'on m'ait laissé faire.

Forcément, c'est compliqué vis-à-vis des autres élèves. Il y a de la jalousie, de l'incompréhension. Mais mes épreuves m'ont rendu plus fort, j'ai dépassé le regard des autres. Inventer des choses, naturellement, et que cela fonctionne me galvanise. Je laisse de côté les commentaires des filles, qui ne l'acceptent pas. J'ai trouvé ma propre voie, je suis mon propre berger, et les autres avancent encore tous dans le troupeau. Lorsque je les vois s'enquiquiner avec des équations, des formules mathématiques, cela me fait sourire.

Je n'en ai plus besoin. Toutes les annotations sur les patrons me sont inutiles.

Je commence même le moulage, une autre technique utilisée dans les ateliers de haute couture. Ma professeure me laisse seul avec une toile. Elle veut me tester, savoir si j'en suis capable. Le moulage consiste à créer des vêtements directement sur un mannequin de couture, en volume. Pour cela, on pose des morceaux de toile que l'on moule selon les formes désirées sur un mannequin aux bonnes mesures, on épingle, on trace, on coupe. Lorsque ce travail est terminé, on obtient une « toile » ou prototype qui sert à créer le vêtement final. C'est une pratique plus intuitive, qui se rapproche plus de la sculpture, en prise directe avec la matière. Cela me semble évident, c'est fait pour moi.

Elle me demande comment je vais faire pour que le vêtement « tombe » droit sur le mannequin buste mis à ma disposition. Elle m'apporte la réponse en accrochant à un fil une paire de ciseaux qu'elle laisse pendre. Quoi qu'il arrive, le fil marque la verticale, et il n'y a plus qu'à suivre. C'est magique ! À chaque enseignement, elle m'apporte une explication que je saisis. Comment couper le tissu pour limiter les pertes ? Au prix du mètre, en haute couture, il faut optimiser, pas question de faire de gaspillage. Évidemment, le plus compliqué pour moi, c'est le moment où apparaissent les chiffres. Mais, quelques astuces de pliage plus tard, elle me montre comment m'en sortir avec ma propre façon de fonctionner. Ses explications sont toujours adaptées et extrêmement limpides. Elle comprend exactement le moment où je coince. Faire passer un vêtement d'une taille 40 à 42, en ajoutant ce qu'il faut précisément de tissu pour s'adapter, c'est compliqué en théorie. Pas si on me montre étape par étape, précisément.

Si on me donne un tableau Excel, je suis perdu. Il n'y a rien à faire. Mais, à l'inverse, si on me montre les techniques, je suis capable de remplir le tableau. Je pars du vêtement pour arriver aux chiffres, et pas l'inverse. Je vais de la pratique à la théorie, mais je suis incapable de faire le contraire. Je procède exactement comme quand j'étais petit pour comprendre comment les choses fonctionnaient. Je pars du résultat, de Z, et je repasse par tous les points, chaque lettre de l'alphabet, pour arriver à A. C'est comme ça que je sais comment les choses fonctionnent et c'est intuitif. Mais lorsqu'on me demande un exercice où je dois démarrer de A pour arriver à Z, au début je ne sais pas enchaîner les tâches naturellement. Si l'on me dit « Tu fais ça, puis tu fais ça, puis tu fais ça », je suis perdu. Elle savait me dire : « Tu fais A. » Et je le faisais. Puis elle me disait : « Tu fais B. » Et je le faisais. Et ainsi de suite. Pas à pas, étape par étape, soit toujours une consigne à la fois. Elle a cette patience qui m'est indispensable. Si je ne comprends pas le concept, il ne sert à rien de me donner une consigne générale en espérant que j'aille au bout.

Lorsque la problématique des consignes est levée, je reste pourtant en difficulté sur le temps de réalisation d'une tâche. Je suis précis, extrêmement minutieux dans ma façon de voir les choses. Perfectionniste, je suis lent. Très lent.

J'ai avec moi un *Time Timer*, un chronomètre. Un outil précieux, avec une zone rouge réglable qui diminue avec le temps visuellement, jusqu'à un bip annonçant le moment de la fin de l'activité. C'est la seule façon pour moi de voir le temps s'écouler. C'est indispensable. Auparavant, je n'arrivais pas à finir mon travail dans le temps imparti. Le *Time Timer* me permet vraiment de me rendre compte où j'en suis par rapport au temps qu'on m'accorde pour accomplir une tâche. Puis une autre. Puis encore une autre. Jusqu'à les enchaîner ensuite de manière automatique et dans les temps. Mais il me faut impérativement décortiquer les choses pour me les approprier.

Il m'a fallu encore une fois dépasser le regard des autres pour utiliser cet outil posé devant moi sur le bureau et visible à tous. J'avais déjà le *Time Timer* à l'institut de jour, mais je n'avais pas voulu le prendre au début de la seconde. J'entrais au lycée, c'était une façon de me dire que j'en finissais avec l'enfance. Et ce n'est qu'à mon retour, après que j'ai craqué, que j'ai accepté de le poser à nouveau sur ma table de travail. Parce que je n'arrivais pas à m'en sortir sans. La sonnerie un peu stridente de la fin de la période ne manque pas de me faire remarquer un peu plus. C'est un signal tangible de ma différence. J'aurais aimé la masquer, prouver que je peux m'en sortir comme les autres. Mais le *Time Timer* est une condition indispensable pour que j'aie les moyens d'y arriver. Si je ne m'accepte pas tel que je suis, j'aurai encore plus à souffrir de mes échecs. Alors, oui, le *Time Timer* et son disque rouge marquant le temps est posé sur ma table de travail. Je l'utilise autant que nécessaire. Il me sauve la mise.

En classe, j'ai toujours été seul. Toujours. Une fois, la professeure nous donne un exercice de prises de mesure à faire en binôme et je tombe par hasard sur Pauline. On ne s'était jamais vraiment adressé la parole, mais par la force des choses, nous avons dû communiquer pour avoir la meilleure note possible. Après cet exercice, nous nous sommes assis côte à côte et c'est devenu régulier, les années suivantes. Au fond, cette fille me faisait un peu peur au début. Elle m'impressionnait avec ses yeux foncés soulignés au crayon noir, ses cheveux noirs et ses tatouages. Elle est jolie, très jolie même. Au fil du temps, je découvre qu'elle est extrêmement humaine et je peux dire qu'on devient des camarades de classe. Nous nous sommes apprivoisés. Elle a un caractère très fort. Pas question de mal lui parler, ou ça risque de chauffer pour celui qui se serait laissé aller. Je devine en elle une vraie combattante, bien plus coriace que moi. Le courant n'est pas passé tout de suite, ça a pris du temps. Mais, jusqu'en terminale, on aura le temps de se connaître. Pauline voit bien à quel point je suis timide, renfermé. Elle me pousse à sortir de ma coquille, à évoluer, à dialoguer, même si ce n'est pas vraiment mon fort. Je vois en elle une « enfant adulte ». Elle a un comportement enfantin par moments, et ensuite un comportement d'adulte. Elle semble parfois, d'un coup, avoir trente ans. C'est la première qui m'est fidèle et vient souvent s'asseoir près de moi en cours. Et c'est la première qui prend ma défense si une autre dit un mot de travers sur moi. Pour la première fois, j'ai une alliée. Je suis toujours seul pendant les récréations, mais ce changement est fondamental pour moi et m'aide à supporter les années de première et de terminale.

Pauline est devenue pour moi une zone de sûreté. Près d'elle, il ne peut rien m'arriver. Je sais qu'elle ne me laissera pas tomber. J'en fais l'expérience un jour à l'extérieur du lycée. Nous rentrons de notre déjeuner et, dans la rue, je surprends un garçon et une fille à se disputer. Il crie après elle et lui pousse l'épaule vers l'arrière. Je suis interloqué, je ne comprends pas ce qui se passe. Je regarde. J'en déduis qu'elle l'a trompé et je me demande s'il va la frapper en pleine rue. C'est le propre de l'autisme : s'arrêter, se figer devant un truc pour comprendre. Mais il ne faut pas rester en cas de danger. Je suis à trois mètres. Trop près. Le garçon tourne violemment sa tête vers moi :

— Qu'est-ce tu veux ? T'as un problème ?

C'est très agressif, soudain. Alors, je réponds :

— Mais non, il n'y a rien… Y a pas de problème. Je ne veux pas d'embrouille.

Et là, Pauline arrive en trombe et insulte le gars. C'est moi qui lui dis d'arrêter :

— Il va nous courser, faut pas dire ça...

Elle crie, elle crie, elle lui balance toutes les insultes possibles. C'est incroyable la force qu'elle a dans la voix. Moi, jamais je n'aurais fait ça. Il ne s'est rien passé de plus, elle a senti ce qu'il fallait faire pour calmer l'agressivité de ce gars. Je n'aurais jamais dû rester planté là, les yeux grands ouverts à regarder de si près ce couple. J'ai encore tellement à apprendre des situations pour avoir la bonne attitude !

En ce début de première, Annie est partie aider un autre jeune dans un autre établissement, mais j'ai la chance d'avoir une nouvelle AVS formidable. Elle forme avec Pauline un duo qui s'entend bien et qui délimite autour de moi une forme de zone de bienveillance et de confort. Cette AVS aime les gens, aime son métier. Malheureusement pour moi, elle ne reste que quelques mois, parce qu'elle a réussi son concours d'éducatrice spécialisée. Je garde avec une tendresse infinie le souvenir des couleurs chaudes dans lesquelles elle s'habille.

Le stage de première est à faire sur le premier trimestre de l'année scolaire. Cela s'était tellement bien passé que je retourne à Vernon, en terrain connu et, cette fois, nous sommes deux. Pauline vient aussi en stage avec moi. C'est l'occasion de découvrir les ressorts de la jalousie féminine. Je suis à ce moment-là toujours en couple et, lorsque je vois mon amoureuse sur le temps du midi, elle s'imagine qu'il se passe des choses avec Pauline. Une situation un peu compliquée pour un autiste Asperger. Mais Pauline a bien posé les choses : je ne suis de toute façon pas son type d'homme… Il n'y a aucune ambiguïté. D'autant que Pauline est manifestement beaucoup plus intéressée par le frère de ma propre copine. Ce sont des histoires incroyables, qui me mettent dans des situations totalement inédites pour moi. Des histoires comme sans doute tout le monde en vit, mais à côté desquelles je suis totalement passé jusque-là. Et quoi dire, à qui, à propos de quoi sans prendre le risque de faire une bourde, une gaffe… Je n'ai aucune expérience de ces situations.

À Rouen, je suis finalement Pauline dans des tas d'endroits où elle m'emmène. Et pas forcément les mieux fréquentés. Mais c'est grâce à elle qu'une lucarne s'ouvre sur ce que sont les années lycées pour bien des neurotypiques. Elle fréquente des gens que je n'ai pas l'habitude de croiser. Ses tatouages augurent bien des garçons pleins de piercings qu'elle peut connaître. Ce n'est pas du tout mon univers. Comme ce sont des endroits et des gens qu'elle connaît, j'ai confiance en elle. Évidemment, un jour, cela va un peu trop loin, mais c'est aussi comme cela qu'on grandit, non ? Nous sommes dans un appartement. Les gens qui sont là commencent à casser quelques morceaux marron et à fabriquer un pétard, qui tourne entre certaines personnes présentes. Je n'y touche pas, ça ne sent pas bon, et je suis toujours hypersensible… Mais la pièce est petite, porte et fenêtres fermées, histoire que l'odeur ne se propage pas dans toutes les pièces. Alors, j'inhale forcément de la fumée. Comme on dit pour le tabagisme passif, je découvre la fumette passive... Les émanations font leur effet. Je commence à ne pas me sentir très bien. À me sentir mal. Très mal. Je rentre chez moi dans un drôle d'état, je me sens poursuivi dans la rue. Je suis tout sauf serein. Chacun réagit différemment à la drogue, et il est très clair que ce n'est pas du tout pour moi. Jamais je ne consommerai ça après avoir senti quels effets ça peut avoir sur mon cerveau. Mais c'est ça, Pauline, des tas de petites expériences inattendues.

Jamais Pauline ne m'aura lâché pendant ces années de lycée. Elle croira toujours en moi. C'est elle qui me récupère à la petite cuillère après ma rupture. J'arrive en cours les yeux rougis. J'ai pleuré toute la nuit. Un autiste ressent les choses mille fois plus fort qu'un neurotypique. Je suis exténué. Je pleure dans les bras de Pauline. C'est une déchirure terrible. Il m'aura fallu du temps pour m'en remettre, et en parler sera longtemps difficile. Mais Pauline est là, solide malgré ses failles à elle. C'est un ovni qui aura traversé mon ciel à un moment où j'en avais particulièrement besoin.

À la fin de la première, je dois trouver un autre stage, ailleurs. Je décide de tenter ma chance comme un neurotypique. Et je décroche mon stage sans parler de mon autisme. J'ai des techniques pour paraître le plus sociable possible. Et je veux savoir, savoir si je peux passer incognito dans le monde professionnel. Je suis majeur et vacciné. Mes parents me laissent faire mon expérience.

J'arrive donc dans la boutique de retouche d'un village normand. Un vrai magasin de retouche, avec mercerie, caisse… Le premier jour se passe bien, on se donne rendez-vous pour le lendemain. Je suis content de moi, mais je suis fatigué. J'ai déjà fait beaucoup d'efforts. Les jours suivants se suivent sans que mon maître de stage laisse rien paraître. J'ai du mal à enchaîner les tâches qu'elle me demande, ce qui finit par l'agacer tout de même pas mal, je le vois bien. Elle me pousse :

— Il faut que tu sois plus rapide, on ne va pas s'en sortir, j'ai une boutique à faire tourner… Si tu n'as pas fini à l'heure, ça va vraiment poser un problème pour la suite du stage. C'est la première alerte. L'ambiance se dégrade, mais je fais de mon mieux.

Je suis épuisé par les efforts que les interactions me demandent. Je ne m'aperçois pas que, plus j'en fais, plus je m'enfonce. Mes efforts sont inutiles. En plus, la couture dans une boutique de retouche, ça ne m'intéresse pas : ce n'est pas de la création. J'espérais qu'on me mette derrière une machine pour faire des points. Mais ce sont des machines anciennes et moins précises. Difficile de travailler correctement avec ça. Je la vois aussi découdre les vêtements avec un cutter et lui dis – ce que je sais être une maladresse aujourd'hui – que le travail est plus précis avec des ciseaux fins ou un découd-vite. Elle trouve sa méthode plus rapide, plus efficace. Je voulais l'aider, mais c'était manifestement mal venu...

Et je finis par faire un petit pas de trop, par pousser le bouchon un peu trop loin. Une cliente entre dans la boutique pour une retouche à un pantalon. Et je dis :

— Madame, vous avez un très joli sac à main et de très jolies chaussures.

Je fais des compliments. J'essaie de faire mon vendeur. Mais ce n'est pas du tout comme cela qu'il faut faire. C'est un magasin de retouche, pas un magasin de compliments. La cliente dit merci, merci, avec le sourire, mais le maître de stage me regarde vraiment de travers, sans que je comprenne.

Elle me dit :

— Demain, je n'ouvrirai pas la boutique. J'ai un rendez-vous médical le matin, alors, reste chez toi.

Le message me paraît clair et je comprends que je ne dois pas revenir le lendemain parce qu'elle ne sera pas là. C'est ce que je comprends. Mais le lendemain en début d'après-midi, elle appelle à la maison et c'est maman qui décroche :

— Écoutez, j'ai un problème avec Romain, il ne fait pas ce que je lui demande, il est extrêmement lent, et en plus il est absent cet après-midi...

Comment dire ?... Maman décide alors de faire ce

que je ne voulais pas au départ. Elle lui explique que je suis autiste Asperger et que, pour une fois, je ne souhaitais pas le dire.

Mon stage est passé à mi-temps. La patronne est désolée, mais elle ne pouvait pas deviner. Ça aura été triste, mais bénéfique. Je vis une grande déception. Normalement, à dix-huit ans, on est adulte, on commence à prendre sa vie en main, on sait ce qu'il faut faire. Enfin, c'est ce que je pensais ! Mon expérience a raté, et tout ce que j'ai appris, c'est que je serai obligé, jusqu'à la fin de ma vie, de dire que je suis autiste. Je dois dire qui je suis pour éviter d'être rejeté. Expliquer, c'est permettre à l'autre de comprendre. C'est comme un vaccin qui protège des interprétations erronées sur mon comportement. Comme un panneau de signalisation qui incite à un comportement plus doux, une approche plus compréhensive. Ce stage m'a lui aussi servi de leçon. Accepter qui on est nécessite un long cheminement. Même encore aujourd'hui, j'ai quatre-vingt-dix pour cent d'assurance, de fierté, à le dire, mais les dix pour cent qui restent, c'est encore un peu de la gêne parce que j'ignore comment les gens vont prendre l'information. Est-ce que l'on va me prendre au sérieux ? Mes interlocuteurs risquent d'avoir un jugement très critique ou très positif. On ne sait jamais sur quoi on va tomber. Et c'est ce qui me fait encore peur : être jugé par les gens. Le regard des autres.

Je suis différent. Si vous m'aimez comme je suis, c'est tant mieux. Et ça simplifie largement les choses.

15

L'année du bac

Vient la terminale. La dernière année de lycée. Celle de la validation des acquis. Pauline est toujours là. Et les autres toujours après moi. Ma trousse retrouvée vide, au sol. Mes affaires continuent de disparaître. Sur trois ans, je dois racheter plusieurs fois mes ciseaux de couture. Du matériel professionnel, cher. La pression est constante. On s'occupe de mon cas avec une régularité de métronome. Certaines ne m'acceptent toujours pas, celles dont les ego sont surdimensionnés. Je vais malheureusement continuer à faire des envieuses avec le stage que je décroche en terminale.

Par l'intermédiaire d'une éducatrice de l'institut de jour que j'ai fréquenté enfant, j'obtiens un stage dans le bureau de style de Gérard Darel, à Paris, où sa sœur travaille. C'est une grande marque de prêt-à-porter. Une opportunité exceptionnelle.

Avant de dire oui, pour le stage, on me propose un essai. Trois jours. Personne là-bas ne connaît vraiment l'autisme. Ils ont besoin d'être rassurés sur ma capacité à m'intégrer. Ces trois jours sont assez stressants. Ce n'est rien de le dire. On n'est plus dans le stage de retouche : j'entre là dans la cour des grands.

Premier pas, Paris. Le grand saut. Le train, j'ai l'habitude entre Vernon et Rouen. C'est la même ligne, sauf que je pousse juste un peu plus loin. À la limite, c'est moins stressant, pas besoin de surveiller l'arrêt. Je dois me rendre jusqu'au terminus. Mais la grande nouveauté, c'est le métro. Un capharnaüm ! Maman m'accompagne la première fois, pour les repérages, jusqu'en bas de l'immeuble, pendant que papa gère comme à l'habitude l'intendance à la maison. Voir dans quel sens il convient de prendre le métro, trouver des restaurants pour le repas du midi… Reprendre le métro dans l'autre sens. Trouver le bon train sur le bon quai... Être à l'heure… Mais, ensuite, il faudra bien que je me débrouille seul.

J'imaginais que ce serait plus simple. Mais le métro part dans deux directions opposées ! Je sais que ce n'est pas un endroit très sûr. Beaucoup de monde, des risques de vol, d'altercations… Ce n'est déjà pas simple pour un neurotypique, alors, pour un Asperger…

Le deuxième jour, tout seul, je finis par avoir un moment d'inattention et me trompe de direction dans le métro. Je suis à la bonne station, mais du mauvais côté. Je demande autour de moi. Je suis perdu. Paumé. J'appelle maman, en panique. Magie du téléphone portable. La solution me semble simple : je dois rejoindre l'autre quai, de l'autre côté de la station. Je n'ai qu'à traverser les voies. Je le dis à maman au téléphone :

— Je sais qu'il faut que j'aille de l'autre côté. Ce sera vite fait.

Elle me répond :

— Mais non, Romain, ça ne va pas se passer comme ça. Tu ne peux pas faire ça.

Sa voix est ferme :

— Tu vas prendre les escaliers, tu vas remonter de l'autre côté et tu vas atterrir sur le quai opposé. Surtout ne traverse pas.

Ce qu'elle ne me dira que le soir en rentrant, c'est que j'aurais risqué ma vie. Même si je pensais être assez agile pour entendre une rame arriver et écarter tout risque d'accident, il y a de l'électricité dans certains rails. Je l'ignorais. Par bonheur, j'ai eu le réflexe de demander, parce qu'on ne sait jamais.

J'arrive en retard chez Gérard Darel. Très inquiet, persuadé que je vais être renvoyé. C'est une période d'essai, je ne veux pas que ça se passe mal. Le souvenir de mon stage précédent est encore très vif. J'ai fini par arriver, mais, par chance, il n'y a pas grand monde en ce début d'après-midi. Les employés semblent pour la plupart en réunion, d'autres ne sont pas encore rentrés de déjeuner. Je me mets rapidement au travail, l'air de rien. Personne ne réagit. Le tour est joué.

Les trois jours se passent. Il n'y a aucun problème. Je décroche le stage. J'ai rassuré sur mon comportement et ma capacité à communiquer. J'ai démontré à ceux qui auraient pu en douter que je peux aussi avoir ma place. Quand les gens entendent le mot « autiste », ils se posent tellement de questions !

C'est magnifique. L'opportunité est magnifique. Le lieu est exceptionnel. Un immeuble en pierre de taille, au cœur de Paris, splendide. Et, tout en haut, cet espace où l'on pense les futures collections de la marque. C'est le paradis de la mode. Ça sent le tissu à plein nez. Les étoffes, le cuir. Tout est exceptionnel. Je suis heureux.

Pendant quatre semaines, je fais mes allers-retours Rouen-Paris. Je passe tous les après-midi dans le bureau de style. Mon maître de stage, Séverine, me confie ma première tâche : trier des perles pour préparer une maquette. On travaille sur les strass. Elle est brodeuse-floqueuse. Il s'agit de réaliser une broderie sur un motif pour venir se plaquer sur un modèle particulier défini par le dessin du styliste, avec un nombre de perles précis, un temps de travail fixé, et avec un nombre de travaux d'assemblage donné. Tout est dans la précision, le professionnalisme. Je découvre ce métier, ces techniques de maquette brodée et floquée sur le vêtement. C'est ce qui lui donne toute sa splendeur finale. Je vois Séverine apporter la broderie sur un prototype et le transfigurer. Le tissu de base n'avait pas beaucoup d'intérêt, et le résultat est extraordinaire. La broderie, les strass, les perles changent tout. J'ai des étoiles plein les yeux. Des tas de possibilités nouvelles s'ouvrent devant moi.

J'ai l'opportunité ensuite de travailler avec le styliste principal de la maison. C'est lui qui dessine les modèles. Et il a une technique très particulière, vraiment personnelle. Ses dessins sont très stylisés. Il connaît toutes les matières. Il est corse, il ne faut pas trop le chatouiller. Quand les choses vont trop loin pour lui, il lâche un « basta ». Sec. Définitif. Pour qu'on le laisse en paix.

Il me demande un croquis, un modèle, afin de voir ce que je sais faire. J'ai déjà montré mon book à Séverine, avec mes derniers dessins. Elle a regardé, hoché la tête, visiblement dubitative. Et m'a dit :

— Tu peux le ranger, tu ne le ressortiras plus jamais. Ce n'est pas la peine. Il te manque deux ou trois trucs... Ce n'est pas la peine de lui montrer ça.

Elle le connaît bien. C'est quelqu'un de très exigeant, très rude. Il faut donc que je commence par dessiner un modèle.

Je dessine. Il prend mon dessin, regarde et me demande :

— Tu le gardes ou tu le jettes ? Je ne veux pas de ça chez moi.

Je recommence.

— Tu jettes.

Je recommence.

— Tu jettes.

Je recommence… Dix fois. Et ça ne va toujours pas. Il me dit :

— On va reprendre. Un mannequin, c'est quoi ? Des formes ? Non. C'est faux. Tu dois faire du mannequin que tu dessines un portemanteau. On ne doit pas voir la forme de la poitrine, ni les fesses.

Je dessinais des silhouettes trop détaillées pour les habiller. Les détails n'apportent rien. Tout cela n'est pas utile. Il m'explique pourquoi ça n'a aucun intérêt. L'important, c'est le modèle, le vêtement. Une anatomie, un piercing, un tatouage, ça n'a rien à voir avec la création d'un vêtement, c'est sans importance, ça n'apporte rien.

— Même les chaussures, tu peux les oublier.

J'adorais ajouter des bottes. J'ai beaucoup, beaucoup

réfléchi à partir de là. Les profs de dessin avaient cherché à me faire évoluer au niveau technique de dessin avec les proportions du corps, bien sûr, mais aussi beaucoup sur les thèmes, les ambiances. Lui, c'était à un autre niveau. Sa méthode d'approche est rude, et il est rude avec lui-même. Lorsqu'il dessine, j'entends son crayon sur la feuille, puis le bruit de la page qu'il déchire. Et il recommence. Et encore, et encore. Aussi exigeant avec lui-même qu'avec moi. Rapidement, je sais lire dans son regard que je peux aussi déchirer mon dessin, que ça ne va pas. Encore.

Je n'aime pas déchirer mes dessins. Mais j'en déchire, je joue le jeu parce que c'est la règle. C'est terrible de le faire parce que quelqu'un estime que le travail n'est pas bon. J'évolue à la dure.

Mais, un jour, alors que je dessine sur ma table, il est face à moi et arrête ses propres croquis, pose son crayon et me dit :

— Stop. Maintenant, tu me montres ce que tu as fait.

Je lui tends alors mes dessins, il les prend, les regarde l'un après l'autre. Après quelques minutes, il se lève, les repose près de moi sans un mot et sort du bureau. Séverine, assise à côté de moi, intriguée, part le rejoindre. Je ne sais pas ce qui se passe, ce qu'ils se disent, la pause me semble plus longue que d'ordinaire, interminable. Enfin, Séverine revient, s'assoit près de moi et me dit à voix basse :

— Continue, c'est très joli, il trouve que tu as une bonne évolution. Tu as du talent, Romain.

Il arrive à son tour, se rassoit et reprend son travail de style.

Sans que je m'en rende compte, ce que je produis a énormément évolué. J'ai intégré une nouvelle façon de dessiner, tenant compte des conseils. Le changement s'est fait naturellement. Même rude, ce styliste a été bienveillant, attentif. Le rythme ne m'a pas laissé de répit. Je me suis jeté dans le travail tout entier, avec passion.

Vers la fin du stage, lorsqu'il m'a demandé de sortir tout ce que j'avais fait depuis le début, l'évolution était saisissante. Les premiers dessins ressemblaient à ce que je qualifie de patates, avec des arrondis partout. À la fin, ce sont des lignes droites, très épurées, très stylisées.

Quand je rentre de stage, je sais faire des croquis. Il y a quelque chose, de la recherche. J'ai intégré dans mon cerveau une structure qui fonctionne. Je sais comment attraper le crayon pour donner tel volume, je n'ai plus besoin de colorier un peu à droite, à gauche. Juste un trait, et, d'un coup, le volume apparaît. Aucun professeur ne m'a apporté cette maîtrise. Comme toujours, j'apprends sur le tas. Séverine se confie :

— Il faut que tu saches quelque chose, Romain. Le styliste n'a jamais ressenti quelque chose de similaire avec un autre stagiaire. Il n'a jamais vu ça. Tu as un niveau de créativité incroyable.

Je ne peux pas y croire. Est-ce qu'on n'est pas en train de me passer de la pommade dans le dos ? Je la connais, cette attitude sur le mode : « C'est bien, il est gentil, l'autiste... » Mais Séverine le redira à maman plus tard, elle confirmera le potentiel décelé par les professionnels du bureau de style. Ai-je un vrai talent ? Jamais je n'aurais dit cela de moi. C'était inconcevable. On me répétait sans cesse que j'étais un moins que rien, que je n'avais pas de chance, qu'il me manquait des choses pour avoir la carrure d'un styliste. Cet homme est vraiment un père de style. Il n'a pas laissé paraître son affection, mais il m'a vraiment tout donné.

Le stage se termine par un pot de départ. Je remercie toute l'équipe pour tout ce qu'elle m'a apporté. Je suis conscient du côté fabuleusement merveilleux de ce qui m'est arrivé et je veux que tous le sachent. Ce stage a été un moment magique qui reste pour toujours gravé en moi.

La note de stage tombe quelques jours après : dix-huit sur vingt. Si ça continue, je vais finir par m'y habituer... Je suis fier, mais tellement fier. Je suis libéré. C'est à ce moment-là que je deviens styliste. Jusque-là, je voulais le devenir. J'ai pris confiance en moi. Penché sur mes feuilles, je sens que j'ai les bons gestes, je m'autorise à être ce que j'ai toujours voulu. Styliste. Le cursus scolaire me paraît d'un coup tellement banal. Je n'arrêterai plus de dessiner.

De retour au lycée en classe, je profite de ma nouvelle professeure de couture qui enseigne aux terminales. Elle est plus jeune que ma prof de première, très bonne pédagogue, elle transmet son savoir-faire avec enthousiasme et passion. Elle n'accorde aucune valeur aux ragots et va tout mettre en œuvre pour m'aider afin de suivre les cours comme tout le monde. Elle cherche à me donner les clés pour que je continue à avancer. Elle aime ce qu'elle fait et elle aime le transmettre. Son plaisir saute aux yeux dès le matin, au sourire qu'elle porte sur son visage. Quand je ne comprends pas, elle revient derrière moi, elle me réexplique patiemment, comme si elle était spécialisée dans l'autisme, ce qui n'est pas le cas. J'accepte et j'aime sa façon de se comporter avec moi. J'aime l'ambiance qu'elle installe dans la classe :

— On est là pour apprendre, on n'est pas là pour se juger.

Son objectif n'est pas que j'aie la meilleure note à l'épreuve du bac. Elle veut surtout que je garde la passion en moi et que je comprenne aussi bien que les autres pour continuer à avancer dans ma technique. Cette femme est exceptionnelle et j'ai la chance de l'avoir sur mon parcours. Elle est profondément humaine et sincère. Elle a tout compris.

Elle nous laisse nous débrouiller seuls pour évaluer nos compétences professionnelles, mais reste disponible à tout moment en cas de besoin. Le niveau acquis en couture nous permet d'être de plus en plus autonomes, ce qui n'était pas possible avant d'acquérir les bases. Si j'ai la chance d'avoir une professeure de couture extraordinaire pour ma dernière année au lycée, je finis aussi ma scolarité avec ma pire expérience en matière d'AVS. C'est un peu la loterie, ce système, et on ne tombe pas toujours sur le bon numéro. J'en avais eu trois en première, avec des succès divers. Celle-ci est nonchalante, limite méprisante, elle donne l'impression de se demander pourquoi elle doit m'aider. Elle n'a pas suivi de formation, elle non plus... Ah ! les formations ! Lorsqu'elles sont demandées en septembre, elles sont dispensées en février ! Autant dire qu'on a le temps d'être mal accompagné ! Le plus souvent, elle tricote en classe, regarde des vidéos sur son téléphone. Elle est très conciliante avec les autres élèves qui deviennent rapidement ses amies à elle. C'est maladroit. Elle cache son jeu, croit que je suis trop bête pour le voir. Elle me considère plus comme un enfant déficient et n'a aucune estime pour moi. Je finis par lui signaler qu'elle pourrait s'occuper un peu de moi, que j'ai besoin de son aide. Et elle me répond, totalement à côté de la plaque :

— Si tu t'investissais un petit peu plus en cours, si tu écoutais... C'est de ta faute tout ça, c'est toi le seul responsable.

Elle replongera inlassablement le nez dans son journal ou vaquera à ses occupations au lieu de me reformuler les consignes. Pour reprendre une image, j'ai besoin d'une béquille, et elle me l'enlève. Je claudique tant bien que mal jusqu'à la fin de l'année. Certaines élèves de la classe se réjouissent de me voir dans cette situation.

Je ressens à nouveau l'envie d'arrêter mes études. Je ne vois absolument pas quel bénéfice tirer d'une situation pareille. Ce n'est pas de l'ordre de la dépression, cette fois. Mais toutes ces années ont été difficiles. J'en ai bavé : la quantité d'efforts que tout cela me demande est tellement importante. Mes AVS précédentes m'aidaient, quels que soient les défauts que je pouvais leur trouver, elles étaient là pour moi. C'est un tel bénéfice lorsqu'elles sont formées et qu'elles aiment ce qu'elles font.

Alors, comme souvent, je me ressource auprès de ma famille. Je passe du temps dans la maison de mes grands-parents. C'est un lieu agréable. Et j'y discute avec mon grand-père, Jacques. Parti de rien, il a eu une carrière professionnelle active dans le domaine de la logistique. Il insiste lors de chacune de nos discussions :

— Ne quitte pas le lycée. Va jusqu'au bout.

Il m'encourage, mais il voit à quel point c'est compliqué. Il veut me redonner des forces. Il me dit une phrase qui est restée gravée en moi :

— Je te promets que, si tu acquiers des compétences reconnues, je serai là et je te garantis qu'on va créer quelque chose ensemble. Ne lâche pas. Si tu lâches, ce sera terrible. Je ne pourrai rien faire pour toi, si tu ne vas pas jusqu'au bout. Je sais que c'est dur. Je sais que tu souffres. Je sais que certaines élèves de ta classe ne sont pas toujours tendres.

C'est son côté protecteur et patriarche, son amour profond. Lui aussi a connu des moments difficiles. La vie n'est pas toute rose. Il y a des moments où le ciel est bleu, mais il y a aussi des ciels gris, des moments où il fait noir. Ce sont les moments où il faut s'accrocher, même si c'est compliqué. Il trouve les mots que j'ai besoin d'entendre :

— Tu es différent des autres. Reste comme tu es, mais fais quelque chose de ta vie qui va te permettre d'aller loin.

J'écoute avec attention. Cette promesse qu'il me fait, c'est un engagement.

Bien évidemment, je continue d'aller en cours à reculons. Mais la promesse de mon grand-père résonne en moi. Il me dit de m'accrocher. Je m'accroche. Je parle de mes problèmes à la maison et avec ma psychologue, toujours fidèle au poste. Je pourrais couler, mais elle et ma famille m'aident à tenir.

Je peux tant bien que mal me concentrer comme il convient sur l'épreuve du bac avec un niveau de stress, d'anxiété, d'appréhension, de concentration qui me semble supérieur à tout ce que j'ai connu jusqu'alors. L'épreuve de couture est une épreuve technique très dense. Pendant quatre semaines, à raison de cent vingt heures de travail, nous nous préparons à présenter un vêtement devant un jury. Cette année-là, le sujet tombe sur le Japon. Le Japon, ce n'était pas le sujet le plus évident. Mais il faut faire avec.

L'épreuve a lieu en cours d'année au lycée. Elle comporte plusieurs étapes : la sélection d'une œuvre japonaise, la constitution d'un dossier qui comprend nos recherches et la description technique de la création inspirée de nos recherches. Puis enfin, la réalisation du vêtement lui-même.

Je travaille donc sur un artiste japonais, Issey Miyake. Je le choisis parce que son histoire me parle d'une certaine façon. Il a perdu ses parents dans l'explosion de la bombe d'Hiroshima. C'est un écorché vif, avec en lui une tristesse très profonde. Il a été le premier styliste à s'inspirer de l'origami. Cet art japonais millénaire, je l'ai pratiqué enfant. Ça me parle, forcément ! Je me suis tout de suite identifié à son style de création. Dans le dossier documentaire, j'explique tout cela, et je conçois un vêtement à partir d'une de ses créations. C'est une épreuve difficile, ambitieuse. Tout ce que nous faisons est contrôlé à tout moment : impossible de grappiller du temps quelque part. La réalisation du dossier comme du vêtement se fait sur table, sous l'œil attentif du corps enseignant.

Je travaille tout de même beaucoup à la maison. Je fais des maquettes, étudie des possibilités, plie des papiers au fer pour trouver les meilleures solutions à mes problèmes techniques. Réfléchir, on a évidemment le droit de le faire en dehors des heures de l'épreuve. Mais tout doit être réalisé sur place, sans que rien entre ou sorte du lycée.

Je suis mort d'inquiétude certains soirs en rentrant, et cela va en s'accroissant au fur et à mesure du temps qui nous rapproche du jour de la présentation. Je suis seul, mon AVS ne me soutient pas, et les heures défilent.

Je mange tard, ou rapidement. Je me concentre sur ce que j'aurai à faire le lendemain. La période est d'une densité incroyable. Je suis en recherche constante de créativité et de solutions techniques.

Et j'ai toujours les phrases de mon grand-père qui résonnent dans ma tête. Je veux réussir et donner le meilleur de moi-même. Je sais que cette épreuve est la clé de mon avenir. Je sais que je n'aurai pas de deuxième chance. Je vis sur l'adrénaline. J'y joue mon avenir.

Au cours de la réalisation de mon modèle, je subis quelques problèmes techniques en classe. Je m'affaire à la presse pour marquer mes pliages de tissu, mais elle n'est pas assez puissante. Je dois les réaliser au fer à repasser. Je finis par prendre énormément de retard. J'ai imaginé une manche en origami dont la réalisation est vraiment complexe. Fatigue, inattention ? Une erreur de repassage et je la brûle totalement. La manche prend feu. Je dois tout recommencer. La situation est particulièrement tendue.

Je réussis finalement à tout refaire : découper, repasser, assembler la manche en origami avec sa doublure sur le reste du vêtement. Certaines de mes affaires commencent à disparaître. J'ai acheté tout spécialement à Paris une paire de ciseaux professionnels. Un outil de superbe qualité, gravé. Je le retrouve, après bien des recherches, dans le casier d'une camarade. Je retrouve certains de mes morceaux de tissu prédécoupés au sol… Ma boîte d'épingles et mon mètre ruban disparaissent, ma trousse à couture est à l'autre bout de la classe dans un fourre-tout, mon casier ouvert… Mais il faut continuer. Je m'en remets à mon instinct de survie. Et je bosse, je bosse. Les trois derniers jours sont encore plus intenses. Tout le monde est concentré sur son travail. Plus personne ne parle. Certaines filles pleurent, tellement la pression devient forte.

Le jour de l'épreuve, c'est l'apothéose, l'apocalypse. Les élèves passent les unes après les autres devant le jury. Je suis l'un des tout derniers, dans un état de stress plus ou moins contrôlé et, de façon contradictoire, je me sens hyper boosté, sur un nuage. Dans un état indescriptible.

Celle dont mes ciseaux s'étaient retrouvés dans son casier ressort de la salle d'épreuve en me disant gentiment :

— Vas-y, Romain, ça va très bien se passer, il n'y a aucun problème.

C'est si difficile que ça pour qu'elle s'adresse à moi comme un agneau ? Serait-on devenus tous égaux aujourd'hui ? Le stress ? Elle s'en veut ? C'est la première fois qu'elle m'adresse un mot gentil. Toutes les élèves ont le cerveau retourné. C'est très étrange. Tout le monde est d'un coup sur un pied d'égalité. On n'en mène pas large.

Pauline a créé un bustier de robot totalement hors normes, façon high-tech japonais, très éloigné de ce que les autres ont pu faire. C'est recherché. Je pense qu'elle aura une note correcte.

Quand vient mon tour, le monde s'arrête de tourner. C'est un grand jury. Il me semble qu'il y a au moins huit personnes dans la pièce, dont une grande couturière venue présider le jury. On sait qu'elle a travaillé avec les plus grands couturiers, qu'elle a ses contacts dans la haute couture. Je redoute ça, le jugement d'une personne du monde professionnel, avec un œil différent, plus affûté encore que celui des enseignantes. Lorsque notre professeure nous en avait parlé, elle nous avait dit qu'elle avait travaillé avec Dior, Chanel, Lanvin, Yves Saint Laurent... Elle ne laisserait rien passer.

Je vois pour la première fois cette femme, grande, avec une autorité naturelle évidente. Son regard aiguisé est professionnel : il va directement à l'essentiel. Je sens sa force, son assurance, son expérience. Chaque membre du jury me regarde à sa façon, et chaque expression me stresse un peu plus. Et je dois défendre mon travail à l'oral. Je n'ai pas l'habitude. Je me suis beaucoup entraîné. J'ai répété mon texte. Je dois raconter l'histoire d'Issey Miyake sans bégayer, sans que ma voix tremble, sans faire de faute… Mais je suis heureux d'être là. C'est un mélange d'émotions contradictoires qui ne doivent en aucun cas me submerger.

Le dossier que j'ai confectionné sur Miyake est composé par deux toiles à peindre montées sur châssis en bois que je vais utiliser dos à dos pour en faire un coffret. Je les ai reliées par un soufflet de papier solide en origami comme pour en faire la reliure du dos du livre et j'ai fermé l'autre extrémité avec des rubans à dénouer.

Quand on ouvre mon dossier, à l'intérieur, il y a des oiseaux en origami qui donnent l'impression de s'envoler, des pages sur l'histoire du couturier, mes inspirations de style, un dessin stylisé de mon modèle et les explications techniques de chaque détail du vêtement. Je vois bien les visages changer, mais je n'ai pas confiance du tout dans mon travail. J'ai pris de l'assurance, mais je suis perfectionniste, je vois toujours ce qui ne va pas tout à fait dans ce que j'ai réalisé. Il y a toujours moyen de faire mieux, d'aller plus loin dans la recherche, la précision. Sur cette épreuve, je pense que je ne suis pas allé assez loin, que mon projet n'est pas assez pensé, qu'il n'y a pas assez d'éléments techniques, que je n'ai pas eu assez de temps… Ah ! cette gestion du temps ! Pour moi, je suis à quarante pour cent de ce que j'aurais dû accomplir.

Comme les autres candidates, en entrant dans la salle, je porte sur moi le vêtement que j'ai confectionné. Chaque élève doit s'avancer avec ce qu'il a créé.

Après avoir défendu mon projet et répondu aux questions du jury, cette professionnelle de la haute couture se lève et s'approche de moi. Surpris, j'ai le réflexe de faire un pas en arrière. Je ne sais pas ce qu'elle veut me faire. Je suis très impressionné. J'ai toujours besoin de savoir où je mets les pieds avant d'y aller, et là, je suis dans l'inconnu. Je comprends dans son regard que c'est pour observer de plus près ce que j'ai fait et évaluer les aspects techniques de la conception de mon modèle. Alors, je me laisse observer sous toutes les coutures.

J'ai mixé les tendances japonaises. C'est un manteau asymétrique, pour homme. Un grand col, une épaule dénudée, une longue manche en origami ; le manteau a deux longueurs différentes avec des pointes qui ne partent pas de la même façon. Qui plus est, le manteau est réversible, avec une couleur changeante, gorge de pigeon. Il a fallu absolument mettre tous les pans de tissu dans le même sens, pour que la couleur varie uniformément. C'était très complexe, techniquement. J'avais placé la barre très haut.

Elle commence à manipuler mon manteau. Elle cherche les coutures, veut voir comment j'ai réalisé le vêtement, très précisément, dans les moindres détails. Elle lève les pans, me soulève le bras. À un moment, elle repère une finition au niveau de la manche et me demande :

— C'est normal, ça ?

Je ne me démonte pas :

— Oui, tout à fait. Au début, je n'avais pas prévu de la réaliser de cette manière, mais j'ai changé d'avis quand je me suis rendu compte qu'en utilisant cette finition le résultat était plus proche de ce que j'attendais.

Comment va-t-elle réagir face à cette honnêteté ? Comment savoir si je n'aurais pas dû lui affirmer que c'était mon idée dès le départ ? Je ne mens jamais. Mentir est extrêmement fatigant. Je ne vois pas l'intérêt. Et là, après l'épreuve je me demande ce que cela risque de me coûter.

Le monde est bien trop compliqué pour mentir. Les neurotypiques fonctionnent avec des silences, des non-dits, des codes secrets, des sous-entendus. Je n'ai pas les codes, je n'ai pas les silences, pourquoi compliquer les choses ? Ce qu'il faut dire, c'est le bonheur, la petite phrase positive. Un mensonge, c'est une demi-journée d'effort, autant de temps pour s'en remettre. Pour changer la vérité, il faut broder autour, essayer de trouver une cohérence. Je n'ai pas que cela à faire. J'en suis incapable.

Lorsque je quitte la pièce, mes mains tremblent, et je suis fier d'être allé au bout. Je ne connais pas ma note, je ne sais pas si j'ai réussi.

Ma note finalement ? Dix-huit sur vingt... Comme dit la fameuse expression : jamais deux sans trois.

— Parce qu'on ne peut jamais mettre vingt sur vingt, m'expliquera-t-elle bien plus tard.

La manche en origami, qui se repliait complètement et qu'on pouvait ranger à plat a fait son effet.

16

Préparer l'après

Dès mars, l'épreuve en poche, je commence à penser à mon avenir professionnel. Mon grand-père tient parole, et les rendez-vous s'enchaînent. J'en fais beaucoup, avec lui, maman et mon frère Alexandre. Il faut que nous trouvions le chemin qui me permettra d'exprimer mon talent.

C'est grâce à mon grand-père que nous obtenons un rendez-vous avec l'association Les Habilleuses. Nous arrivons dans les locaux de l'ancien hôpital de Fécamp et sommes reçus dans un grand bureau communiquant avec un atelier de confection d'une soixantaine de mètres carrés. Une femme, que nous ne connaissons pas, s'avance et nous accueille chaleureusement. C'est la présidente de l'association, créée en 2011. Elle est en fauteuil roulant. Nous échangeons sur nos histoires personnelles respectives et le courant passe tout de suite. Nous sommes dans une relation sans faux-semblants, naturelle. Elle nous explique son travail avec les bénévoles qui confectionnent des vêtements adaptés aux personnes à mobilité réduite et préparent une collection à présenter lors d'un prochain défilé.

Au cours de la réunion, inspiré par ce qu'elle dégage et ce qui se dit, j'ai en tête l'idée de concevoir une robe de mariée pour clore le défilé, comme il se doit. Je lui propose ouvertement ce que j'imagine :

— Une robe de mariée adaptée au fauteuil roulant.

Ma proposition est suivie d'un grand blanc. Sans le savoir, je viens de surprendre tout le monde avec mon idée. Je visualise immédiatement les techniques de couture qui vont devoir être développées, les impératifs qui vont s'imposer et j'explique comment je vois la conception technique entre la robe, la personne et le fauteuil. C'est particulièrement compliqué à réaliser, mais je pense que c'est tout à fait faisable. Je trouverai les solutions. La présidente est conquise :

— J'aurais adoré que quelqu'un me propose cela lorsque je me suis mariée.

On est à seulement deux mois de la date du défilé, et le challenge m'est confié :

— Vas-y, Romain, tu nous proposes quelque chose, et on fera défiler ta robe à la fin de notre présentation.

L'image du résultat que je souhaite, je l'ai. Je dois faire plusieurs essais pour trouver comment assembler ce modèle pour qu'il soit parfait. Je réalise mon premier prototype pour la position assise et c'est une véritable innovation technique dans le monde de la mode. Je vais y passer du temps, beaucoup de temps même, jusqu'à très tard le soir alors que les cours ne sont pas encore finis. Les nuits sont vraiment courtes, mais je tiens le rythme ! Je veux y arriver.

Alexandre travaille avec moi sur tout ce qu'il y a à mettre en place sur le fauteuil, la partie invisible de la robe. L'objectif est que la femme en fauteuil soit belle, mais aussi qu'elle puisse aller aux commodités le jour de son mariage sans avoir besoin d'une organisation incroyable autour d'elle. Ces détails ont toute leur importance : être jolie ne suffit pas. Je veux que cette robe permette, à tous points de vue, de vivre le meilleur moment possible. Je dois aussi faire en sorte que la traîne ne se prenne pas dans les roues du fauteuil. Et tout cela sans rien sacrifier à l'esthétique !

Les défis techniques à relever sont nombreux, toute la famille y travaille et tout particulièrement mon grand-père.

Le jour du défilé, mi-juin 2013, nous sommes tous à Gruchet-le-Valasse, dans une pièce qui jouxte l'abbatiale.

Ce n'est pas mon premier défilé. Chaque année, il y en a eu un au lycée. Le seul moment de l'année où je me sens pleinement heureux. Le moment où j'ai la possibilité de montrer ce que j'ai fait, où je vois si j'ai réussi à transmettre l'émotion au public. C'est comme cela que je m'imaginais une classe de mode, plus artistique que scolaire. Mais les choses sont rarement comme on les espère. La vie est pleine d'imprévus.

À Gruchet-le-Valasse, je pousse le fauteuil sur le podium, avec une mariée dans une robe d'un blanc immaculé, exactement telle que je l'imaginais dès notre premier rendez-vous avec Les Habilleuses. C'est la première fois au monde qu'une robe sur mesure pensée pour être portée en fauteuil roulant est montrée en public. Les applaudissements et l'émotion viennent de tout autour de moi. Qu'un projet, né d'une souffrance sur le regard porté à la différence, prenne une telle ampleur, c'est un moment exceptionnel. Une réparation. La perspective de changer des choses à travers mon travail. J'en ferai une version plus aboutie pour mon défilé de 2014, non sans avoir entre-temps déposé le brevet de mes innovations techniques.

Cette robe de mariée pour femme en fauteuil roulant a, dès juin 2013, une conséquence : les médias commencent à s'intéresser à moi, et j'ai mes tout premiers articles dans la presse. Quelque chose est lancé.

Pour moi, la mode, ce sont avant tout des codes, comme des codes sociaux, c'est un langage particulier qui peut parler aux gens. L'homme n'a besoin que de trois choses : se nourrir, se vêtir et se loger. Je travaille sur l'un de ces trois piliers. Et je trouve que le vêtement peut offrir énormément. À la préhistoire, le meilleur chasseur du groupe portait la plus belle parure. On savait que c'était lui le maître, on le reconnaissait à sa façon de s'habiller. C'est un peu pareil aujourd'hui : la façon dont nous nous habillons dit qui nous sommes, notre place dans la société, notre rapport au monde. Il faut montrer quelque chose qui parle immédiatement aux gens. La mode doit être un langage fluide, compréhensible, immédiat. Je passe du temps à décortiquer, au millimètre près, l'émotion que je veux faire passer. Quand je fais un dessin, je sais exactement ce que cela représente. Tout le monde ne comprend pas ma vision des choses au lycée, parce que je suis parfois un peu à côté de ce qu'on me demande en classe. Je suis parfois un peu en avance. Je me sens à la fois différent dans mon style et dans mon approche. Moins scolaire. On me dit :

— C'est bien, ce que tu crées, mais essaye de suivre le cours, tout de même...

Mais j'ai un univers à moi. Au début, je ne suis pas le meilleur dessinateur, non, mais j'ai retenu une phrase de mon maître de stage de Vernon :

— L'important, c'est de faire passer ce que tu imagines.

Ce n'est pas grave si le dessin n'est pas parfait, ce qu'il faut, c'est qu'il rende compte de ce que produit l'imagination. Derrière cette phrase, on entend la tolérance pour l'imperfection du dessin, et l'aspect primordial de la créativité. Bien sûr, mon passage chez Gérard Darel m'a permis de me perfectionner. Jusque-là, j'annotais beaucoup mes croquis. Et puis je n'en ai plus eu besoin. Parce que je sais exactement l'emplacement de chaque couture, le sens de chaque ligne. C'est le monde de l'autisme : quand ça ne marche pas, ça ne marche pas, mais quand ça fonctionne, ça fonctionne bien. Vraiment bien. Pendant toutes ces années de lycée, je m'étais promis de donner le meilleur de ce que je pouvais faire. Et je vais continuer.

On est encore en juin. Je quitte le lycée. Le dernier jour, je franchis la porte, l'impression de laisser de lourdes chaînes derrière moi. J'étais poings et pieds liés, je revis. Je ressens un choc au plexus, une libération violente. Les murs dans lesquels on m'avait enfermé disparaissent. Ça y est, c'est fini. Je m'échappe. Je cours le long des quais. Je remonte la Seine. L'air de la liberté. Quel bonheur ! C'est comme une sortie de prison. Le dénouement est là : la peur disparaît pour de bon. Le vide que je ressens est apaisant, l'oppression qui me tétanisait laisse place à un calme serein. Je respire à nouveau.

J'ai bientôt vingt ans. Je quitte le lycée définitivement et de nouvelles choses s'ouvrent à moi. Le défilé pour Les Habilleuses m'a mis en confiance. J'ai en tête ce que je veux faire, une mode pour tous, une mode qui n'oublie personne, une mode qui donne sa place à la diversité, des vêtements qui s'adaptent à toutes les morphologies.

Le plein d'émotions est compliqué à détailler. Il y a une partie de nostalgie, tout de même, un peu de crainte parce que le monde professionnel m'attend, et que l'inconnu est toujours une source d'appréhension. Mais ces trois ans ont été tellement durs ! Je sais que la vie n'est pas finie. Elle ne fait que commencer. Le monde du bac pro s'efface. Tout est à créer. Je sens par contraste l'état dans lequel j'étais jusque-là. Partir, sortir pour la dernière fois de l'école : le passé est dans le passé, je n'y retournerai jamais.

La nuit se dissipe. Un soulagement. Et tant à construire devant soi.

Au niveau des sensations, ça vaut tous les manèges du monde. C'est un moment précis, un endroit précis, et un état d'esprit qui se retourne d'un coup. Une bascule. Un *roller coaster* épatant. Je vis ce moment seul, comme beaucoup de moments que je vis, mais c'est un beau moment, à la fois violent et merveilleux.

Tout simplement merveilleux, en fait. De la joie. Du bonheur.

Et au fur et à mesure que je remonte la Seine, le petit peu de peur de l'avenir s'estompe. Je sais que mon grand-père m'attend, que toute ma famille sera là. Ils sont présents, ils croient en moi.

Je retournerai au lycée quelques jours plus tard, chercher ma validation de compétences professionnelles signée par le directeur. Le lieu a déjà perdu de son poids, de son aura, de sa toxicité. Je n'y crains plus rien. Je suis déjà ailleurs. La page est tournée.

17

Les vacances

Les vacances sont des moments privilégiés, des moments de plaisir, de détente... La joie d'en faire moins, la chaleur des retrouvailles. Ça, c'est pour les autres. Pour moi, ces moments-là ont toujours été très compliqués à vivre. C'est encore l'occasion de fournir une quantité d'efforts inimaginables pour être tous ensemble. J'aime être seul. Vivre entassés dans un appartement ou un gîte, souvent plus petit que chez moi, c'est compliqué. Imaginez-vous un appartement aux sports d'hiver… Pour moi, c'est un cauchemar !

Bien sûr, depuis que je suis tout petit, mes parents m'emmènent partout. Je me souviens : la première fois où je découvre le ski, c'est horrible. Le grand sportif que je ne suis pas doit se laisser glisser sur deux planches… Quel concept ! Si je ne sers pas assez les cuisses ou si je ne sers pas assez les mollets ou les genoux – je ne sais pas trop bien –, je me retrouve le nez dans la neige. Cela ne sert pas à grand-chose à part avoir des bleus ! J'essaie tant bien que mal de suivre tout le monde et, sans le vouloir, nous nous retrouvons sur une piste rouge. Il faut bien que je redescende ! J'essaie sans succès, pestant, enlevant mes skis : je décide de glisser sur le dos en freinant avec les pieds, pour que ça aille moins vite. J'en ai marre, je finis en bas des pistes le dos trempé par la neige…

Comme tout ce qui est nouveau, c'est très compliqué, difficile à appréhender, à accepter. Une fois que je sais gérer, ça va. Mais démarrer, acquérir de nouvelles habitudes, c'est toujours un chemin douloureux. Je ne suis jamais allé en école de ski avec mes parents, mais j'ai quand même eu ma troisième étoile lors de ma semaine de ski en troisième. Ce n'est pas rien.

Pendant l'enfance, le plus compliqué, c'est de changer de lieu. L'absence de repères. La promiscuité, et notamment le voyage en voiture, avec mes frères. On se déplace à six. C'est une tribu. Dans chaque nouveau lieu, il faut retrouver ses marques : l'endroit pour faire la toilette, l'endroit pour dormir, l'endroit pour manger… Les courses, les occupations, l'emploi du temps… C'est trop difficile.

Je le fais. Mes parents veulent des souvenirs avec nous tous. Mes frères en ont envie. C'est normal. Mais rien ne me va. Je n'ai pas forcément envie d'être à table avec tout le monde. Je suis là, mais épuisé, éreinté par ma journée, je n'ai pas été seul un moment. Si j'avais eu mes vacances pour moi, avec une seule personne, avec maman, par exemple, ça aurait été bien. Très bien même ! Je n'ai qu'un souhait : qu'on me ramène à la maison, reprendre mon rythme. Dans ce chalet trop petit, je ne comprends pas ce qui m'arrive, la colère monte, je finis par jeter l'éponge. Petit, je ne savais pas dire mon trop-plein. Alors, je m'en prenais aux objets qui se trouvaient sous ma main. Ce sont les couverts, à table, qui valdinguent contre le sol. Je me vois encore enfant, en mode furie, tout balancer. Je suis révolté, en colère contre moi-même, parce que je ne sais pas encore pourquoi je suis comme ça, pourquoi tout le monde a autant de facilité à vivre et à partager ces moments. C'est injuste. Quand je vois mes frères qui profitent pleinement et moi qui n'y arrive pas…

Si l'on considère bien les choses, les sports d'hiver ne sont pourtant pas si terribles que cela. Certes, il fait froid, il faut se couvrir, être équipé mais rien de vraiment inconfortable. Tandis que les vacances d'été au bord de la mer, c'est encore une autre histoire ! Pieds nus sur la plage, je n'aime pas la sensation de marcher sur les algues, pas plus que sur les plages normandes avec les galets qui me font mal aux pieds. Je suis hypersensible... J'ai la peau blanche, je ne sors que très peu d'ordinaire, je n'aime pas être obligé de passer à la séance « crème solaire » qui me provoque un inconfort terrible, des démangeaisons. Sans parler du contact avec ce badigeonnage forcé : insupportable. Alors, il m'arrive de prendre des coups de soleil que l'on soulage avec… de la pommade ! C'est juste épouvantable.

Nous partons en Bretagne. Plusieurs années de suite à la pointe de la Torche, en plein pays Bigouden, dans le Finistère, avec de très grosses vagues. L'idéal pour mes trois frères qui adorent le bodyboard et le surf. Ils se mettent sur une planche, prennent les vagues, passent un temps fou dans l'eau. Enfant, ça ne m'amuse pas. L'idée que je me fais de la plage ? Du sable chaud, très fin, sans aucun petit grain plus gros qu'un autre, vraiment pas comme on peut en trouver en Bretagne. Et puis, pas un seul poisson dans l'eau, ni d'algues. Une eau transparente, limpide. J'ai un peu la phobie de l'eau. Enfin, je peux rester des heures sous la douche… Mais ce qui se passe dans l'eau, ce que je ne vois pas, ce que j'imagine, tout cela me repousse. Enfant, il faut qu'il n'y ait rien dans le bain. Un seul cheveu flottant à la surface suffit à me dégoûter… Alors, imaginez des algues ! Autant rester sur le sable, même s'il n'est pas aussi agréable qu'il pourrait l'être.

Je passe mes vacances à creuser des trous avec ma pelle et mon râteau. Je marche en long et en large sur la plage, en sandalettes à la recherche du plus beau coquillage ou du plus beau galet ; parfois, je trouve un fossile. Et je retourne creuser, encore. Mes frères sont ravis : les trous que j'ai formés pendant leur baignade sont énormes. Ils se jettent dedans, remontent sur les bords, sautent à nouveau, ils adorent. Et c'est tellement mieux que d'aller me baigner avec eux.

Et puis vient le moment redouté, le moment le plus terrible. Je sais que je n'y échapperai pas. En fin d'après-midi, mon père finit toujours par nous dire :

— Les enfants, on rentre... Allez vous rincer !

J'ai du sable collé à la peau. Je ne peux pas monter en voiture comme ça. Mais aller me rincer au bord de l'eau… Je sais ce qu'il y a dans l'eau. Des poissons, des algues… J'ai du sable plein les cheveux. Je veux rester dans mon trou, je ne veux pas bouger, je ne veux pas rentrer. Et je pleure :

— Pas la mer...

Alors, mes parents me rinceront avec des bouteilles préalablement remplies d'eau qui m'attendent dans le coffre de la voiture. Ils commencent à me connaître ! Ce qui est sûr, c'est que je dors bien le soir, après des journées pareilles.

Et puis vient le temps des vacances entre jeunes. Je ne suis jamais parti en colonie de vacances, mais, durant les années collège, je fais du scoutisme. Je suis membre des scouts marins, la première marine de Rouen. Je suis le meilleur quand il s'agit de faire des constructions ! La base est à Hénouville, en bord de Seine. On est parfois frigorifiés sous la tente, on se rapproche les uns des autres pour se tenir chaud. C'est un week-end par mois, toute l'année.

J'essaye de m'y faire des amis. Au début, chez les Mousses, lorsque nous sommes en tenue bleue, tout va bien. Caroline nous encadre. J'aime ça. C'est une étudiante en médecine ; elle anime le temps que nous partageons avec amour et bienveillance. On se répartit les tâches, chacun sa corvée. Faire à manger, préparer la veillée, nettoyer la vaisselle… Je suis parfois désigné pour m'occuper du feu : ramasser le bois, s'en sortir avec peu d'allumettes. C'est une responsabilité et une aventure. Des bases pour se débrouiller dans la vie après. Quand on rentre chez soi, on se sent fatigué, mais c'est chaque fois un pas de plus dans l'autonomie, dans ma capacité à vivre parmi les neurotypiques.

Au début, on ne va pas « à la flotte », on reste sur la base. On est concentrés sur le projet de fin d'année : remettre en état de voguer une vieille frégate abandonnée, ensevelie sous des ronces sur le terrain de notre campement.

On passe un test en piscine pour vérifier si on a les aptitudes nécessaires au cas où le bateau chavirerait et voir nos réactions face à la panique. Le test me paraît assez difficile parce qu'on ne doit pas s'arrêter de nager pendant cinquante mètres, après être tombés dans l'eau au milieu de la piscine, et on doit passer sous une ligne d'eau qui n'est pas tendue. L'eau de la piscine ne m'a jamais posé de problème. Elle est claire, je vois ce qu'il y a sous moi, je sais où est le fond. Je réussis le test comme presque tous et je suis vraiment content de moi !

Sur la base, on déblaie l'accès au bateau, coque tournée vers le ciel : ça nous prend une journée entière. Le bois de la coque a beaucoup travaillé et aurait laissé passer l'eau... On doit donc réaliser des travaux : retourner le bateau, ouvrir les cales, mettre des planches de bois neuf, consolider l'intérieur des cales avec du polystyrène pour éviter que l'eau ne prenne la place et permettre à la coque de flotter. L'intérêt est d'avoir un objectif, de savoir si tout ce que nous allons faire va fonctionner pour sa mise à l'eau. C'est une motivation plus forte que tout. Je suis passionné par tout ce qu'on entreprend pour atteindre notre objectif…

Le jour J, je suis très préoccupé par les consignes de sécurité imposées par les chefs pour la mise à l'eau du bateau… Il ne faut surtout pas tenter de le retenir en cas de dérapage sur les rondins en pente que l'on a installés pour faire un accès de la rive à la Seine. Le sol est glissant et dangereux à cause des microalgues et nous pouvons nous-mêmes déraper et être blessés. Je suis un ado maintenant ; le contact avec l'eau est prévu, anticipé, et la réussite de notre objectif plus importante que ce qui se passe sous mes pieds. En même temps, l'eau ne nous arrive pas au-dessus des genoux... On amarre le bateau, pour que le bois regonfle, et il reste à flot. Nous le remontons sur la base, fiers du devoir accompli, c'est une grande satisfaction. Nous pouvons même organiser des sorties avec la frégate sur la Seine plusieurs week-ends après !

En quatrième et en troisième, je passe chez les Marins, reconnaissables par leur chemise rouge. La place des chefs diminue, il faut apprendre à interagir directement avec les autres scouts, sans la protection des plus grands. Les moqueries ne manquent pas, comme ailleurs. Le scoutisme se révèle parfois bien moins amusant. Je pars tout de même en camp d'été, en fin de troisième. Je déteste l'expérience. Les chefs vivent leur vie, et nous sommes livrés à nous-mêmes. Sur la plage, un jeune au caractère impulsif se met en colère pour une banale histoire de jeu de ballon. Son équipe est en train de perdre. Et alors ? Lui ne le voit pas du tout de cet œil et cherche la bagarre. Je suis dans l'équipe adverse, il s'en prend aussi à moi. Il m'agresse physiquement, mais je me défends le temps que les chefs interviennent. À ranger dans les expériences difficiles. Ce n'est pas l'idée que je me faisais du scoutisme. L'expérience s'arrêtera là après ce camp.

Puis, c'est le temps où mes grands-parents achètent un bateau à moteur, amarré dans le port de Dieppe. L'eau, vue du dessus, ne me pose aucun problème. J'aime énormément les sorties en mer, à pêcher les maquereaux, les vives et autres dorades. Le calme de la pleine mer et les bonheurs des sorties en famille sont comme des parenthèses enchantées.

Je me souviens d'un jour où il fait très beau, nous sommes au large et mon grand-père me dit :

— Si tu veux, Romain, on peut aller nager pour se rafraîchir...

J'ai une grande appréhension parce que c'est l'inconnu pour moi et, en même temps, j'ai envie de vivre cette expérience. Il saute en premier du ponton à l'arrière du bateau et je me dis : « Il faut que j'aille le rejoindre pour savoir ce qu'il vit et savoir ce que cela va être. » Je me lance dans le vide, l'eau est très froide, mais je suis dedans. Je vis ce plongeon dans l'inconnu comme une réussite. La puissance de ma volonté, je la ressens à ce moment-là. Mon grand-père remonte sur le ponton par l'échelle et je me sens bien. Fier de moi, je décide de faire le tour du bateau seul pour profiter de cette belle expérience, pour aller encore plus loin. Quand je me retrouve à la proue, j'ai peur de ce qui peut se passer sous moi, j'essaye de ne pas y penser ; pourtant, c'est plus fort que moi, mais je continue à avancer mètre par mètre, jusqu'à faire le tour complet et atteindre l'échelle. Ça me paraît une éternité. Quand je remonte sur le ponton, mon grand-père est heureux que nous ayons partagé ce moment. Après m'être séché, je savoure mon exploit. Pour jouer, il me balance à nouveau à l'eau, je remonte aussitôt et nous rigolons devant les protestations de ma grand-mère ! De très beaux souvenirs.

C'est à l'été 2017, pour la première fois, à vingt-quatre ans, que je prends vraiment du plaisir à aller me baigner. Il en aura fallu du temps pour dépasser mes angoisses.

J'ai la chance d'avoir un autre cousin dont je suis extrêmement proche : Léo. C'est le quatrième enfant de ma marraine, le plus jeune donc. Nous avons exactement le même âge. Il est né seulement treize jours après moi, mais je lui dois le respect parce qu'il est d'une autre génération sur l'arbre généalogique familial. C'est une blague entre nous.

Je finis par lui raconter ce que j'ai vécu enfant et comment je l'ai vécu. Il trouve cela incroyable. Pour lui, j'étais un fantôme. Un fantôme, ça ne parle pas, ça fait peur, c'est transparent… J'étais introverti, fuyant. Le parfait fantôme, quoi !

Nous étions pourtant déjà partis en vacances ensemble, sans nous rapprocher plus que ça : l'année de nos cinq ans, nous sommes au camping. Toute la tribu : moi, mes frères et mes parents. Ma marraine, son mari et leurs quatre enfants. Un oncle de ma mère vient même nous rejoindre avec sa femme, qui se trouve être la sœur de ma marraine. Une belle réunion de famille. Mais rien ne m'arrête, alors. Je recouvre le réchaud au gaz de terre et de sable. Impossible ensuite de préparer le repas : la chose est devenue inutilisable. Je procède de même avec la vaisselle, que je recouvre de saletés. On ne peut pas me quitter des yeux sans que j'invente une bêtise inimaginable. L'oncle de ma mère est venu au camping avec sa Mercedes : j'ai trouvé l'étoile sur le capot très intéressante. Ah ! les étoiles, cela me fascine vraiment… Je l'arrache donc pour jouer avec – j'ai une force incroyable pour mon âge – et je finis en mettant du sable plein son coffre resté ouvert. Je n'arrête pas de trouver de nouvelles choses à faire. Forcément, l'enfant que je suis alors ne laisse pas les meilleurs souvenirs possibles à ceux qui partagent ces moments-là. Je monte sur tout ce qui est à ma portée. Je démonte tout ce qui se présente. Une vraie tornade impossible à canaliser.

Je partage pour la première fois du temps avec Léo pendant l'été 2015. Je suis invité par ma marraine à passer quelques jours chez eux. Même si nous étions du même âge, je n'avais pas développé d'affinités particulières avec lui jusque-là. À plusieurs kilomètres d'Angers, j'arrive pour une semaine, pendant laquelle Léo vient passer ses vacances. Il a pris un petit appartement dans le centre-ville pour ses études. C'est à l'occasion de ces quelques jours que l'on se redécouvre et qu'on parle. Beaucoup. Tant et si bien qu'à la fin de la semaine, je suis invité à partager un repas entre amis à Angers. Il m'emmène dans sa voiture. L'enfant turbulent que j'étais est bien loin. On mange, discute. Une vraie soirée amicale, cordiale, qui se termine aux alentours de deux heures du matin. Il faut rentrer. Léo conduit. On s'arrête à un feu. Et je lui dis :

— Merci, Léo. Tu m'as fait vivre une des soirées les plus belles de ma vie.

Pourtant, elle n'a rien d'exceptionnel, rien du tout. Les gens avec qui nous étions ont l'habitude de soirées de ce genre. Mais toutes ces personnes, chaleureuses, humaines, qui m'accueillent les bras ouverts… On voit les valeurs qui les animent : l'ouverture aux autres, l'écoute et le partage. J'ajoute :

— Mais, Léo, tu ne te rends pas compte : tu as vu les

amis que tu as, toi ? La beauté des gens qui sont autour de toi ? Je ne pourrai jamais te dire à quel point j'ai aimé vivre ce moment.

Il reste silencieux au volant. Puis le feu passe au vert, il accélère et se gare sur une place de parking le long des bords de la Maine. Je ne sais pas ce qui se passe. Il éteint son moteur, nous descendons nous asseoir sur un banc près de la rivière. Il me dit :

— Romain, je ne savais pas qui tu étais. Je t'aime énormément.

Il se met à pleurer. Je pleure aussi. Pour lui, c'est comme si un mort était revenu à la vie. C'est fort. Il ignorait que je pouvais avoir des émotions. Il ne savait pas ce que je pouvais avoir en moi. Ma sensibilité. Depuis, le lien est très fort. On est extrêmement proches. On se dit tout. Les choses les plus intimes. Il est vraiment devenu une personne référente pour moi. C'est la première fois dans ma vie que je partage mes sentiments profonds comme le font les neurotypiques avec un ami. C'est puissant de sentir l'amour d'une personne comme ça. Nous sommes sensibles aux mêmes valeurs de partage, d'attention aux autres, de bienveillance, nous avons la même vision d'un monde dans lequel on vit en acceptant nos différences au-delà de l'apparence.

C'est une nouvelle victoire. Rien n'est perdu pour moi. Je peux avoir des gens autour de moi qui m'aiment. Ça m'a donné encore plus envie de continuer à enrichir ma vie en m'ouvrant aux autres.

À l'été 2017, nous nous organisons une semaine de vacances ensemble. Je pars chez Léo, qui a emménagé à Chambéry. Tout commence comme une grande aventure.

Mon frère Théo me dépose à Paris pour prendre un car direction Chambéry. Il me laisse au milieu de la rue parce que la circulation est trop dense et je risque de manquer le départ. C'est difficile de trouver LE car que je cherche. Je dois enjamber des barrières avec mes deux sacs bien lourds parce que je ne trouve pas l'entrée qui donne accès aux départs. Je suis à deux doigts de rater l'horaire. Il y a des dizaines de véhicules sous un immense hangar, il faut que je trouve le bon sur des dizaines de mètres. Et rien ne ressemble plus à un car qu'un autre car. L'angoisse, toujours l'angoisse : ne pas y arriver, ne pas trouver, ne pas réussir à partir. Rien n'est clair dans le monde qui m'entoure. Finalement, la porte se referme derrière moi in extremis, et nous partons.

Le voyage est de nuit, mais je ne vais pratiquement pas dormir : je suis très stressé. J'ai du mal à rester assis, c'est compliqué. Il y a plein d'arrêts, et il faut faire des efforts sociaux en demandant où sont les toilettes et sans trop déranger les gens assis près de soi… Comme le bus va jusqu'en Italie, on a la visite de la douane. Et le chauffeur parle à peine français, ce qui rend les interactions encore plus compliquées. La communication est très difficile, je ne comprends pas ses réponses à mes questions. Et j'ai peur de rater mon arrêt et de me réveiller en Italie. On est en retard sur l'horaire. Je vais avoir vingt-quatre ans dans quelques jours, et c'est la première fois que je fais autant de kilomètres seul. Il y a beaucoup de choses à gérer pour moi. C'est l'inconnu, et je n'y ai aucun repère.

En arrivant à Chambéry, je descends du car. J'aperçois Léo qui est venu me chercher à vélo. On est contents de se retrouver. Nous parcourons la centaine de mètres à pied qui nous séparent de son lieu d'habitation. Arrivés chez lui, nous partageons un petit-déjeuner, puis nous nous installons dans le salon, mais, au bout d'un moment, ça tourne pas mal autour de moi. Je finis par m'écrouler trois heures d'affilée sur son canapé. Trop fatigué. Autiste Asperger, voyager seul me demande encore une énergie folle. Bref, je suis arrivé à destination et c'est le principal !

On passe nos vacances à découvrir cette belle région entourée de grands lacs en profitant du soleil. Comme d'habitude, ma peau blanche n'y est pas habituée. Évidemment, Léo me rappelle de bien mettre de la crème solaire ! Ce n'est presque plus un problème pour moi ! Il va se baigner. Je le vois nager tranquillement jusqu'au milieu du lac. Fluide, facile. Je suis là, au bord, il fait chaud et je prends une décision soudaine : je ne vais pas me laisser démonter. Je suis adulte maintenant. Il est temps, dans les deux sens du terme, que je me jette à l'eau. Ça ne doit pas être plus compliqué que depuis le bateau de mon grand-père... Je décide de rejoindre Léo au milieu du lac. J'avance, jusqu'à ce que seule ma tête dépasse de la surface. L'eau est froide. Je prends mon envol, une poussée sur les jambes, et je nage. Premier rappel : le corps ne flotte pas. L'eau salée de la mer a au moins cet avantage : aider à nager.

Je suis pourtant habitué à la piscine, mais une piscine n'est pas un lac, j'ai le sentiment qu'il y a plus d'efforts à faire. Il faut vraiment enchaîner les mouvements rapidement pour ne pas couler. J'avance. J'avance. Jusqu'à m'apercevoir que je n'ai vraiment plus pied du tout. L'eau est devenue glaciale. J'ignore à combien de dizaines de mètres est le fond. Je suis au milieu du lac, je me suis approché de Léo. Je mets la tête sous l'eau et, d'un coup, le silence est terriblement inquiétant, juste un bourdonnement sourd, oppressant... Et ça devient hyper compliqué de nager. Je sais qu'en dessous il y a des algues, des gros poissons, des anguilles, des serpents d'eau... J'ai vu trop de films. Et je commence à paniquer. Le souffle court, la cage thoracique bloquée par le stress... Mais qu'est-ce que je fais au milieu de ce lac ? Je n'ai rien à quoi me raccrocher.

Léo se retourne avec dans les yeux un regard plus qu'interloqué. Il n'imaginait pas une seconde que j'allais le rejoindre. Je lui avais dit que je resterais sur le bord, que je ne le sentais pas. Mais c'était avant de changer d'avis. Léo s'approche de moi en quelques mouvements. Il me rassure, il me dit comment respirer, il trouve les mots pour que je dépasse la crise de panique qui m'étreint. Et j'essaye de me raisonner. Qu'est-ce qui pourrait vraiment m'arriver ? Le monstre du Loch Ness n'existe pas. Il faut que je retourne au bord. Juste y retourner. Un mouvement après l'autre. Calmement. Et j'y arrive.

Pendant le séjour, il m'emmènera découvrir deux autres lacs. Plus grands encore. Les amis de Léo nous rejoignent, nous nous baignons ensemble, filles et garçons dans une ambiance très bon enfant. Je nage toujours plus loin. Je prends confiance. Sur le dernier lac, Léo et moi louerons une barque pour deux. On s'aventure au loin avec nos rames. Le paysage est magnifique, découpé par les reliefs montagneux. J'ai l'impression que l'eau absorbe tous les bruits qui nous entourent. C'est splendide et extrêmement calme ! Sous un soleil de plomb, Léo décide de se jeter à l'eau. Il vient au bord de la barque et fait bouger le bateau. Nous nous amusons, je sais qu'il va me faire chavirer. Il parvient à retourner la barque et je me retrouve la tête sous l'eau, immergé. Ce n'est pas un problème, nous rions de bon cœur… C'est dire si, d'un coup, je suis à l'aise. C'est mon premier été de vie sociale avec des neurotypiques, sans mes frères, ni mes parents. Il y a les meilleurs amis de Léo. Un bel été. Barbecue, melons, salades. Soirées. On fête tous ensemble mon anniversaire. Ça me répare énormément. C'est tellement loin de toutes ces années de malheur, à pleurer seul dans ma chambre.

La dernière soirée avant mon retour est magnifique aussi. Fun Radio Live passe à Chambéry. Une soirée avec du rap, de l'électro, et un final avec le DJ Quentin Mosimann que j'adore. Un concert génial. J'en profite jusqu'au bout, mains en l'air, en rythme. Je danse bien, mais ce n'est pas simple dans la foule. Léo n'aime pas vraiment ces musiques-là. Il est plus rock ou variété, le genre de musiques sur lesquelles on peut plus facilement draguer une fille, quoi. Nous n'avons vraiment pas les mêmes goûts musicaux, mais il est là pour moi, heureux de m'accompagner.

Pour un neurotypique, se faire des amis, c'est aussi simple et naturel qu'attraper un verre pour boire de l'eau. Autiste Asperger, je n'ai pas de bras. Je suis démuni. Je ne peux pas attraper le verre, il me faut une prothèse, des subterfuges, et quand d'un coup l'eau m'arrive, quand d'un coup je me désaltère : la joie, le bonheur, la vitalité… Cela surpasse tout. Cet été-là, Léo m'a permis de boire à pleines gorgées.

Quelques jours plus tard, je retourne au bord de la mer en Bretagne, en famille, comme d'habitude. Et là, mes frères et mes parents sont surpris de me voir me déshabiller et avancer d'un pas décidé, vers l'océan. Je suis le premier à me baigner, tête dans l'eau. J'ai gagné. Une victoire de plus. Et chaque matin, qu'importe si l'eau est glaciale, je vais me baigner.

Je vois exactement ce que je veux, ce que je veux faire évoluer dans ma vie. Je veux vivre comme les autres et, pour ça, je me dois de faire comme les autres. C'est pour moi une obligation. Je me dis simplement : « Si tu veux t'en sortir, fais comme les autres. » J'ai raté beaucoup de choses pendant mon enfance, parce que je n'étais pas prêt. J'ai grandi, j'ai pris de l'assurance.

La prochaine étape ? Partir avec Léo aux sports d'hiver me réconcilier avec les descentes, les bosses et les tire-fesses…

18

La vie professionnelle

2013. Je lance mon activité. Avec autour de moi ma famille, mes parents, mon frère Alexandre, mes grands-parents. L'aventure est familiale. Mais le chemin, loin d'être tracé. Chacun va y mettre du sien, aider, participer. L'objectif est simple : me permettre de développer le projet de robe de mariée en fauteuil roulant. Trouver des débouchés commerciaux à ce que je sais faire : de la mode.

La période est dense parce qu'on enchaîne les rendez-vous dans tous les sens, on frappe à toutes les portes, et, même si ce n'est pas mon terrain favori, j'assiste à toutes les réunions. Nous devons trouver les moyens qui me permettront de dessiner, de coudre et de me forger une clientèle et un nom.

Mon grand-père mène de vraies opérations de relations publiques. Je vais dans des réunions de professionnels, des dîners, avec des gens qui ont de l'expérience. Il me fait profiter de son carnet d'adresses, me présente. Il m'ouvre des portes. Chaque fois, j'ai des montées d'adrénaline extrêmes, des remontées acides aussi. Parler devant des gens ne me met pas très à l'aise. Je crois que les choses vont se faire vite, mais non, lorsque je crois qu'on en a terminé, il me dit que cela ne fait que commencer, qu'il faut que je m'habitue, qu'il y aura des rencontres, encore et encore. Il me dit ça avec le sourire… Mais moi, invariablement, ça me demande une énergie folle ! Ce n'est pas mon milieu, je ne me sens pas à l'aise. Je ne connais rien au monde des affaires, je ne sais pas gérer un budget… Alors, un business-plan ! Ces gens ont beau parler français, quand je les entends aligner des acronymes comme BP, SWOT… c'est comme si c'était du chinois. De quelle planète viennent-ils tous ? Nous construisons les bases de ce que sera notre entreprise. Alexandre semble bien plus à l'aise que moi avec tous ces aspects économiques et commerciaux. Il en sera le directeur général. Il est fait pour ça.

En septembre, nous présentons notre candidature auprès d'un incubateur normand soutenu par la région. Cette structure accompagne les entreprises innovantes dans leurs premiers pas, en mettant à leur disposition des locaux, des formations, un réseau. Faut-il encore convaincre le jury de la pertinence de notre projet !

C'est gonflé, plutôt osé. On se présente devant des professionnels, un jury qui nous auditionne pour décider si nous avons notre place dans leur incubateur. Je suis autiste, avec une innovation qui n'existe nulle part ailleurs et même dans le milieu professionnel, l'inconnu fait peur. Alexandre présente le projet, comme un professionnel. Il fait plus que son âge. Il a la carrure de l'emploi. Crédible. Moi, je bouillonne de stress, mais la soupape tient bon. Les membres du jury sont plus nombreux que j'imaginais, tous ont la main sous le menton, à écouter, attentifs et dubitatifs. J'ai l'impression qu'ils se demandent bien ce qu'ils vont pouvoir faire de nous. Puis la réunion s'arrête, tout le monde nous remercie pour notre présentation.

On sait, avec du recul, que notre candidature provoque beaucoup d'interrogations au sein de la commission chargée de sélectionner les projets. Tout le monde n'est pas d'accord. Nous présentons un projet familial avec une particularité me concernant. Eugénie, la chef de projet incubation croit beaucoup en nous, et nous défend bec et ongles. Une belle rencontre.

Nous suivons toute la procédure standard, et la décision tombe : notre projet est finalement accepté. Nous avons des locaux, près de la place Saint-Marc à Rouen, où nous installons mon atelier. Je bénéficie du premier bureau en entrant, au quatrième étage, mon frère et mon grand-père de celui d'à côté pour la partie business. L'attente m'aura paru longue et stressante, mais tout s'est fait en quelques semaines. J'ai ma table à dessin, mes machines à coudre, ma cabine d'essayage et l'on peut s'atteler au travail pour les premières clientes. Nous sommes fin 2013, le projet est lancé. Nous resterons dans ces locaux presque deux ans.

Tous les matins, je pars travailler. C'est une période bénie. Ma grand-mère cuisine, nous apporte le déjeuner qu'elle réchauffe au four et qui dégage des odeurs alléchantes dans tout le couloir. Nous déjeunons tous ensemble, vivons nos journées ensemble, tendus vers le même objectif, moi et ma famille. Mon frère, qui est encore en première au lycée, nous rejoint tous les soirs dès la fin de ses cours et pendant toutes les vacances scolaires. Il apprend très vite les ficelles du métier avec mon grand-père et les formations dispensées au sein de l'incubateur. Parfois, ce n'est pas toujours facile de travailler en famille, nous ne voyons pas toujours les choses de la même façon : question de vision, de génération aussi. Mais notre force, c'est notre écoute. Les décisions sont prises selon un principe simple : une voix, un vote. Papa est de la partie aussi, il nous conseille sur l'aspect commercial. C'est très important. Nous sommes six, avec maman. Il n'y a pas un chef qui dirige, les décisions sont prises ensemble. Nous avançons. Nous donnons petit à petit corps à ma vision de la mode dans ce modeste atelier.

Alexandre et moi sommes le négatif et le positif d'une pile à combustion. Alexandre est le terre à terre, celui qui ramène à la réalité. Il me dit quand ça ne peut pas marcher. Moi, je suis le positif, heureux de pouvoir créer plein de choses, la tête dans les étoiles. J'en veux toujours plus. Alexandre s'intéresse aux budgets, aux chiffres que je n'aime pas. Nous sommes parfaitement complémentaires.

Pour l'ensemble de ma famille, il n'y a pas d'autre choix que se lancer dans cette aventure. C'est une volonté partagée, une évidence pour tous. Qu'est-ce qu'on aurait pu faire d'autre ? Quelles sont les options ? Après le bac, on est allés voir Pôle Emploi. Je m'y suis inscrit. Autiste Asperger, je dépends de Cap Emploi. J'ai rencontré les conseillers qui ont la charge des personnes en situation de handicap et de leur mise en relation avec les entreprises. L'autisme ? À cette époque-là, ils ne connaissent pas du tout. Et trouver un job de styliste à Rouen, c'est mission impossible. Ils ne peuvent rien faire pour moi. Je ne suis pas non plus sur la trajectoire médicalisée, celle des ESAT, des établissements spécialisés pour les travailleurs handicapés. Ce n'est pas une orientation envisagée. Alors, quoi, finir chômeur à vie, comme quatre-vingt-dix pour cent des adultes autistes ? Me morfondre en attendant que le temps passe ? Gâcher ce que je souhaite exprimer ? La seule solution possible est de tracer ma propre voie, et, pour l'ensemble de ma famille, de m'y accompagner.

Pour moi, ce sont les années bonheur. Le rêve. Je vis entouré de ceux que j'aime. C'est réjouissant, apaisant, structurant. J'apprends mon métier.

Je débute encore. Parfois, lorsque je crée un modèle, il n'est bon qu'à jeter. D'autres fois, il faut simplifier énormément ma création parce que j'imagine des choses bien trop complexes, et qui sont irréalisables à des coûts raisonnables. Je crée sans contrainte, sans limite, sans problématique. Je peux imaginer un modèle somptueux avec dix mille strass Swarovski sans me préoccuper le moins du monde de leur coût unitaire, ni du temps nécessaire à la réalisation. Mais qui pour payer la facture ? Mon grand-père et Alexandre sont là, derrière moi, pour me dire que je ne peux pas faire des choses pareilles. J'essaye de défendre mon point de vue en leur expliquant que mes créations sont pensées et que retirer quelque chose va déséquilibrer l'ensemble. Patiemment, ils me font comprendre leur préoccupation budgétaire, les contraintes qui seront celles de mon métier :

— Écoute, Romain, sois souple un peu, il faut trouver une solution.

C'est compliqué. Je vis les retours à la réalité comme des choix difficiles. Je renonce à des décisions artistiques pour des raisons économiques, et j'ai beaucoup de mal à l'accepter. Je dois faire mes armes autrement que par l'effervescence de ma créativité. Je me sens bridé. Mais la démarche finit par s'avérer bénéfique. Et cet apprentissage-là m'a pris du temps. Je dirai les deux ans pendant lesquels j'ai été incubé.

Pendant un temps, ce que je dessinais n'était pas forcément facile à porter, avec des cages sous les robes, des choses trop théâtrales. Je regardais trop les défilés de mode, et il ne faut pas. Karl Lagerfeld, Yves Saint Laurent, Christian Dior, Lanvin, Thierry Mugler… Je regardais tout, jusqu'à la mode chinoise. Et même la mode russe, avec de la fourrure partout. J'ai été complètement perdu après. Il fallait que je fasse un choix : prêt-à-porter, sur mesure, haute couture… Ce n'est pas la même chose. Dans quelle branche devions-nous nous engager ? Pour développer l'entreprise, il fallait choisir un marché précis, un créneau. Dans ma tête, je suis haute couture. Ce que je ne sais pas au départ, c'est à quel point ce club est fermé. Les créations des maisons de haute couture doivent être réalisées à la main et dans les ateliers de la maison de couture, composée d'au minimum vingt personnes. Chaque année, elles doivent faire deux collections et proposer au minimum vingt-cinq modèles à chaque défilé. Les maisons doivent être inscrites sur le calendrier officiel des collections Couture depuis au moins quatre ans et être parrainées par un grand couturier. Bref, tout un univers avec ses codes et ses droits d'entrée. Il n'y a pas de discussion, ma place, pour le moment, est dans le sur-mesure. De la création, oui, mais sans les contraintes de la haute couture qu'une toute jeune maison est bien en peine de remplir et où les places ne sont décidément pas nombreuses.

Le sur-mesure, c'est parfait, ça me convient. Le monde de la haute couture, on verra plus tard. Chaque chose en son temps.

Pour trouver les premières clientes, nous nous appuyons sur le bouche-à-oreille, notre cercle de connaissances. Avec elles, je fais mes armes, je prends conscience des contraintes budgétaires, mais aussi des contraintes techniques. Tout n'est assurément pas possible.

Parmi les toutes premières clientes, il y a Eugénie, qui joue le jeu jusqu'au bout, et Jocelyne, puis Régine, puis Marie-Christine. Tout s'enchaîne…

J'apprends à me comporter comme il faut avec les clientes, et, chaque fois, maman fait le point avec moi, ce que je peux dire, ne pas dire, comment me tenir pour ne faire aucune erreur dans ma façon d'aborder les clientes. Tout ce qui peut sembler simple à un neurotypique me demande à nouveau apprentissage et concentration : avoir la bonne distance, ne pas trop parler, parce que ça peut énerver les gens, écouter, surtout écouter. On essaie de trouver des codes pour que maman puisse me signaler discrètement lorsque j'en fais trop, lorsque je suis à côté de la plaque, lorsque je m'engage sur un sujet à éviter.

Puis viendra Josseline. Elle a le même prénom qu'une de mes clientes, mais cela ne s'écrit pas de la même façon. C'est une voisine et amie de mes grands-parents. Je la connais depuis l'enfance. Elle m'a toujours accepté tel que je suis, avec humanité. J'ai passé beaucoup de temps avec elle à discuter. Ce sont toujours de beaux moments que nous partageons. Quand elle s'exprime, elle a les mots justes. Elle est éduquée, intelligente, perspicace. Une femme tenace, forte, et qui tient à ses opinions. Je trouve ça formidable, cette ténacité et cette douceur qui cohabitent en la rendant unique. Une très belle femme, qui a toujours cru en moi. Elle est d'une élégance que j'admire, du maintien, un port de tête magnifique.

Elle me fait l'honneur d'une première commande à l'occasion de la remise du diplôme de fin d'études de sa petite-fille au Canada. Je lui réalise une robe à son image, mélangeant un satin de soie rose poudré avec des jeux de transparence en organdi du même coloris. Une basque cousue à la taille vient souligner sa jolie silhouette. Elle recevra beaucoup de compliments pour sa tenue, qu'elle aura la gentillesse de me transmettre.

Malheureusement, la maladie va lui tomber dessus. Saleté de cancer. Après de longs mois de combat, des victoires et des récidives, elle est en phase terminale. Je vais la voir à l'hôpital. Elle ne parle plus. Je la comprends pourtant. Notre relation dépasse les mots. Nous nous tenons la main. Je suis tellement attaché à elle. Une cliente, c'est toujours une histoire forte. Avec Josseline, c'est encore plus fort, bien au-delà.

Elle se fera incinérer avec une autre de mes créations, elle y tenait. En parler me prend aux tripes, je suis encore bouleversé lorsque j'y repense. À fleur de peau. Les larmes aux yeux. Elle a une place très particulière dans mon cœur. Et les émotions remontent toujours intactes lorsque les souvenirs reviennent.

Trop souvent, les gens ne disent pas assez à ceux qu'ils aiment qu'ils les aiment. Mes mots, ma façon d'être, l'attention que je leur porte, je veux que ceux que j'aime le sachent. Qu'il n'y ait pas de doute sur l'attachement que je leur porte.

Le travail doit continuer ! Deux moments importants viennent couronner ma première année d'activité. En 2014, nous remportons le premier prix du concours Bonobo Jeans, une vraie bouffée d'oxygène nous permettant de financer en partie l'événement dont je rêvais : l'organisation de mon premier défilé.

Un défilé, un vrai, dans un lieu prestigieux classé cinq étoiles : l'hôtel de Bourgtheroulde, situé au cœur de Rouen. C'est un lieu magnifique. L'idée de départ, c'est celle de mon fil conducteur : donner un coup de projecteur sur ce que je sais faire, montrer mon travail en bousculant les codes de la mode, pour que la différence ne soit plus un handicap.

Je dessine une soixantaine de modèles. Je voudrais tout montrer. Impossible de tous les réaliser, question de coût... Il faut faire des choix, éliminer les trois quarts de mes conceptions. C'est difficile.

Puis, après le choix des modèles vient le choix des mannequins. C'est mon grand-père qui, après avoir fait des recherches, trouve les coordonnées de Karine, une jeune femme paraplégique hyper dynamique, qui vient de faire le rallye des Gazelles dans le désert du Sud marocain en buggy. Nous nous rencontrons, elle accepte de faire partie de mon aventure.

Chaque robe doit être réalisée sur mesure pour un rendu parfait. Je passe beaucoup de temps à l'atelier à concevoir les robes qui seront présentées en fauteuil. J'ai en tête de présenter un nouveau modèle de ma robe de mariée, évidemment. Mais j'imagine aussi un autre concept, pour que la robe en position assise ait le même effet qu'une robe portée debout. Pourquoi ? Quand on est valide et qu'on s'assoit, la robe fait forcément des plis : la quantité de tissu est calculée pour la position debout. Je veux que la personne assise bénéficie de la même esthétique que si elle était debout. Alors, je dois inventer des techniques de couture pour qu'il n'y ait aucun pli devant. Prévoir une longueur de tissu plus importante dans le dos pour que ça ne tire pas. Supprimer les plis disgracieux au niveau des genoux. Mais je veux aussi proposer des modèles totalement adaptés à la morphologie de la personne. Les modélistes professionnelles ont leurs méthodes, leurs habitudes, à partir de bases qu'elles adaptent aux projets du styliste. Là, c'est quelque chose de complètement nouveau. Pour arriver là où je veux en venir, le chemin est encore long. Nous faisons le moulage directement sur Karine. Nous inventons une nouvelle façon de travailler avec les contraintes d'essayages qu'impose le fauteuil. Cela prend du temps, c'est un gros travail. Personne ne sait faire, et, au fil des défis techniques à relever, tout le monde s'arrache les cheveux. Mais les fous rires que l'on a pu avoir ! Tout se fait dans la bonne humeur. En plus de la robe de mariée, emblématique de mon travail, je présente deux robes fourreaux, en position assise. Nous choisissons chaque mannequin qui portera mes autres modèles lors du défilé et nous constituons une équipe autour de moi pour ce projet.

Je suis styliste, je dessine, je crée les concepts ; les modélistes matérialisent mes idées en confectionnant une toile, qui est ajustée en fonction du style et de chaque morphologie. Le crayonné jeté sur papier prend vie et forme. Nous faisons tout en interne, avec nos propres techniques de couture. Quand la toile est parfaitement aux mesures, les couturières suivent le patron extrait de la toile, découpent le vrai tissu, thermocollent et assemblent chaque pièce. J'en fais moi-même et je supervise chaque étape pour que le rendu soit parfait.

L'organisation d'un défilé n'est pas une mince affaire. À nouveau, toute ma famille est derrière moi. Les rétro-plannings avant le jour J sont précis. J'apprends à travailler en équipe. Je découvre comment chacun s'organise. Je m'aperçois que certains préfèrent travailler au dernier moment, sous la pression. Voir les autres travailler m'apprend énormément : j'analyse ce qui me plaît, ce qui ne me plaît pas, leurs petits arrangements avec la technique, leurs approximations, leurs trouvailles. Les limites des méthodes des uns et des autres. Selon la façon dont on crée un vêtement, on peut plus facilement l'adapter aux changements de taille de la personne. Il ne suffit pas de mouler un vêtement sur un corps : il faut pouvoir l'adapter si la personne prend ou perd quelques kilos. Cela demande de la technique, de la précision. Et tout le monde n'a pas les mêmes compétences. Tout cela est très bénéfique pour moi : je prends conscience de mon niveau d'exigence, de ce que je veux, de la qualité que je souhaite atteindre, de ce dont je ne me satisfais pas.

Certains se contentent de quelque chose de présentable de loin, mais qu'on ne pourra pas faire évoluer, et dont le détail de la couture n'est pas optimal. Je mesure mon niveau en découvrant le travail des autres.

L'échéance approche. J'ai prévu de présenter quinze modèles. C'est un travail colossal. Le stress monte. Je dois aller récupérer la robe la plus artistique du défilé chez un brodeur qui a accepté de me montrer son savoir-faire pour que ma création ressemble en tous points à mon dessin. Un grand professionnel qui travaille avec ce qui se fait de mieux en pierres, en strass, en broderie… La mode est un microcosme, tout le monde se connaît. Je suis allé à sa rencontre dans un salon de présentation des métiers d'art, et le courant est tout de suite bien passé. Il a la passion de son métier, je pourrais passer des heures à discuter avec lui. Il est capable de se mettre à ma portée, de comprendre et visualiser ce que j'ai dans la tête. À partir d'un croquis, il sait exactement réaliser ce que je souhaite. Il est très fort. Il prend le temps de me montrer sa technique, comment découper le tissu pour le broder et le monter ensuite sur le modèle. Ce sont des choses que j'aurais pu apprendre lors de stages, ou dans une formation supérieure, mais que je découvre et assimile en réel, très concrètement, au fur et à mesure de l'avancée des travaux. Le modèle que j'avais imaginé va exploser devant mes yeux, magnifié par le talent du brodeur. La puissance de ce qui se dégage va au-delà de mes espoirs. C'est une façon extraordinaire de travailler. J'ai la chance que des artisans de très bon niveau, qui travaillent pour des maisons de couture parisiennes, soient séduits par mon projet et prennent le temps de m'accompagner, de me montrer les choses, de m'aider à avancer.

La veille du défilé, je découvre le lieu. Ce sont mon frère et mon grand-père qui ont géré tout cela. J'ai des étoiles plein les yeux : le plancher en verre à travers lequel on voit la piscine au sous-sol, totalement inattendu dans ce lieu somptueux, tout en pierre de taille, avec ses voûtes, ses escaliers. C'est magnifique. Mais ce n'est pas sans poser des problèmes techniques : la scène, en hauteur, doit être accessible au fauteuil. Le jour J, c'est l'effervescence. Il y a du monde : on a fait venir une école de coiffure, des maquilleuses, pour être au niveau de ce que j'imaginais. Chacun de mes mannequins passe entre leurs mains. Le stress est à son comble lorsqu'un des couturiers est encore en train de finir de coudre l'un de mes modèles quelques minutes seulement avant le début du défilé, parce que c'est sous adrénaline qu'il est le plus efficace.

On attend la presse, plus d'une centaine d'invités. Pas question qu'il y ait le moindre loupé. Maman supervise mon timing heure par heure, minute après minute. J'y suis. Faire parler de ma jeune maison de couture dans les journaux et enclencher le bouche-à-oreille qui va développer mon carnet de commandes.

L'incubateur nous soutient aussi et le service communication nous aide pour les relations presse. Les journalistes sont bien au rendez-vous. Le moment est totalement exceptionnel pour moi. J'ai multiplié les concours et les réunions, j'ai eu de nombreuses occasions de parler devant des inconnus. Je sais exactement ce que j'ai à dire, comment raconter mon histoire. Je risque de m'emmêler un peu sur la chronologie, mais, globalement, je maîtrise tellement mieux la situation que dix-huit mois plus tôt… Je suis préparé comme je ne l'ai jamais été, mais ce jour-là, tout se fait forcément dans l'urgence et le stress.

Juste avant le défilé, c'est donc le point presse. J'ai la tête ailleurs, mais on m'entraîne dans un salon privé au rez-de-chaussée. Je n'ai pas fini de régler les détails techniques en coulisse. C'est encore l'effervescence. J'ai tellement de choses à penser. J'arrive dans une pièce silencieuse, avec une dizaine de journalistes qui ont mon dossier de presse en mains. Les questions arrivent et j'y réponds bien volontiers. Mes relations avec eux sont plutôt aisées. Tout le monde me parle de la robe de mariée. C'est le sujet qui les intéresse. Ils se sont déplacés pour me voir, ce que je leur explique est nouveau pour eux. Mais ils sont attentifs : qu'on puisse mélanger fauteuil et valide dans le même défilé, c'est surprenant, intrigant. Et ils comprennent bien ma démarche : c'est en étant ensemble que les différences ne se remarquent plus, car elles s'ajoutent pour faire un tout. J'explique dans les interviews ce qui me tient à cœur :

— Pourquoi faire une distinction entre une personne en fauteuil et une personne valide ? Pas de différence, pas de négligence. J'ai vraiment envie de réveiller les consciences avec ma patte artistique.

Dans les reportages, on voit le côté scène, les lumières, les modèles une fois finis. Une dizaine de mannequins sont autour de Karine. J'ai mes quinze modèles, et l'organisation est très complexe. Chacun a fait sa part selon son savoir-faire. Il a fallu gérer les invitations, l'impression du programme, sélectionner les prestataires de son et lumière, choisir le photographe et vidéaste officiels, pendant que d'autres s'affairent en coulisse, font répéter les mannequins avant le défilé. Pour connaître l'ordre de passage de chaque mannequin, il a fallu chronométrer le temps nécessaire à Karine pour le changement de chacun de ses modèles : trois ou quatre mannequins défilent dans ce laps de temps. Pour ouvrir le show, j'ai réalisé un film de présentation, sur ce que je suis, mon univers et le début d'une aventure hors du commun avec ce défilé que j'intitule « Au commencement… » La présentatrice qui fait l'ouverture du show me connaît bien. Avant d'exercer son métier de journaliste à la Chaîne Normande, elle était ma professeure d'histoire-géographie au lycée. Elle est parfaite, très professionnelle pour faire le lancement devant une salle comble. Le show peut commencer. C'est une vraie mise en scène, tout est millimétré, chronométré. Un vrai défilé, dans les règles de l'art.

Plus d'une centaine d'invités sont présents et la quasi-totalité connaissent à peine mon nom. Ma famille, mes proches sont au premier rang, enfin, ceux qui ne sont pas mobilisés pour être en coulisse avec moi...

Lorsque le défilé commence. Je suis en mode vibreur, tremblant, la tête tournant dans tous les sens pour peaufiner chaque détail minutieusement sur chacun des mannequins avant leur montée sur scène, mais c'est du stress positif. Je goûte au meilleur de mon métier. Les projecteurs brillent de mille feux, la musique rythme la cadence des filles qui défilent, tout s'enchaîne parfaitement bien. J'ai donné un nom à chacune de mes créations en rapport avec le commencement de l'univers et en miroir avec mes débuts dans cette aventure : Aurore, Océan, Galaxie… Toutes prennent vie à ce moment précis. C'est déjà le final. Mes mannequins me réclament sur scène, je vais saluer le public : c'est la première fois en mon nom propre et sous les applaudissements. Je suis heureux, les mannequins applaudissent également. Tout le monde veut me serrer la main, on me félicite. Je profite avec gourmandise. Il y a eu de la couleur, du son, de l'émotion. Une réussite, assurément, et dont on me parle encore aujourd'hui. On fête ça au restaurant le soir, en petit comité : le premier défilé de mode de l'entreprise. Et je n'ai immédiatement qu'une envie : recommencer. Cela ne me quittera pas. Cela se fera.

Tout s'est passé très vite, un tourbillon. La nuit a été courte et, dès le lendemain matin, je me réveille de bonne heure, malgré la fatigue. J'ai des rendez-vous avec les journalistes, j'enchaîne les interviews. Le téléphone sonne. Un journaliste, un autre, encore un autre : c'est comme ça toute la journée. Le bouche-à-oreille médiatique va à toute vitesse. Je réponds simplement, humblement. Les interviews s'enchaînent, et c'est trop, trop d'effort. Je vais au bout de mes forces. Je n'ai plus qu'un désir : me reposer.

Quelques jours plus tard, cela monte jusqu'à la télévision nationale. France 2 nous contacte pour *C'est au programme*, l'émission de Sophie Davant. Elle veut la robe de mariée sur son plateau. Évidemment, une occasion pareille de montrer mon travail ne se refuse pas. Karine accepte avec enthousiasme de passer à l'antenne. Nous voilà partis à Paris. Rendez-vous dans le grand bâtiment de France Télévision. Dans la voiture, elle blague :

— Je n'irai pas en plateau sans toi, je suis trop stressée, je vais avoir besoin que tu viennes m'aider.

Mais ce n'est pas ce qui est prévu, on doit juste la voir, elle, dans la robe de mariée. On en rigole.

On monte dans la loge avec la robe et notre maquillage. Nous n'en aurons pas besoin, l'équipe de professionnels la maquille avant son passage. On l'habille en attendant qu'elle soit appelée sur le plateau. Assistants, maquilleurs, régie, c'est l'effervescence dans les coulisses.

Et ce qui était une blague au départ devient alors plus sérieux : Karine a l'air d'avoir de plus en plus le trac, et elle me répète :

— Je n'y vais pas sans toi.

Là, un assistant arrive, et je lui demande, sans y croire une seconde :

— Ça vous dérange si je viens en plateau avec elle ?

Et je continue à plaisanter avec elle pour la détendre.

L'assistant revient, et là, c'est le coup de massue :

— Monsieur Brifault, vous passez au maquillage. Sophie Davant vous veut sur le plateau. Vous passez à l'antenne.

Quoi ? Moi ? Mais… c'était pour rire. On m'emmène au maquillage, on m'équipe d'un micro-cravate et on m'entraîne vers les projecteurs. Je ne sais pas où je vais mettre les pieds. C'est hallucinant pour moi. Je n'ai rien préparé du tout. Et les surprises ne seront jamais mon truc… Me voilà parti pour mon premier plateau télé, sans y être préparé, l'estomac noué. Je ne suis même pas habillé pour ça. T-shirt et veste, sans ma cravate. Plus décontracté que ça, je ne sais pas faire. J'entre sur un plateau à peine éclairé et j'entends :

— Séquence dans trois, deux, un...

Des gens sont en train de placer Karine sur une estrade un peu en hauteur du plateau. Le timing est à la seconde près... Je vois les décors changer, tout le monde bouge dans tous les sens en sachant exactement ce qu'il doit faire. Tout s'illumine. Et puis voilà, Sophie Davant est là et elle m'interviewe. Je suis fermé, noué et, paradoxalement, ce niveau de stress m'aide à avoir une bonne prestation, savoir quoi dire et ne pas dire. À la question sur le système technique de la robe de mariée, j'ai la présence d'esprit de répondre que je ne peux pas dévoiler les secrets de fabrication. Mon discours est rodé. Sophie Davant est bienveillante.

Après l'émission, elle vient à notre rencontre, elle accepte bien volontiers ma demande de faire une photo de tous les trois, je la remercie. Et voilà, c'était aussi simple que ça.

Si l'idée était de faire parler de moi, on peut dire que nous avons réussi. En 2014, j'aurai aussi, entre autres, la sollicitation de La Chaîne parlementaire (LCP) pour réaliser un reportage qui sera diffusé dans leur émission *Cité gagnant* avec la journaliste Aïda Touihri, très humaine et facile d'accès.

En 2015, nous créons l'entreprise et développons notre activité commerciale. Mais nous n'avons pas les moyens à ce moment-là d'assurer un important volume de production. Notre difficulté ? Trouver les professionnels à même de nous aider pour la fabrication. Pour la couture, il y a du monde, mais pour le patronage et le reste des opérations techniques, c'est plus délicat. Impossible de produire des dizaines de robes. Nous devons rester modestes. Nous fonctionnons alors sur un mode réellement artisanal : je reçois une personne, je dessine et fabrique sa robe, cela prend plusieurs semaines. Pas après pas.

Un jour, Régine franchit la porte de mon atelier. Elle arrive avec un grand sourire. Blonde, menue, elle est architecte. On s'entend bien tout de suite. Dans mes modèles, elle voit les rapports de volumes, la construction, en un mot, l'architecture. Et ça lui plaît. J'y vois de la recherche, oui, mais pas ce qu'elle y trouve. Plus tard, j'irai voir du côté de l'architecture pour m'inspirer, parce qu'elle sait m'en donner l'envie. Régine me demande une création étonnante. Mon premier croquis lui plaît tout de suite. Je réussis à la convaincre sans difficulté en traduisant ses désirs en image. En moins d'une heure, elle se décide donc à ce qu'on lance la confection. Ce sera un manteau d'été structuré en organza bleu sur un pantalon et un top sans manches en gabardine de laine noire. C'est ainsi que nous avançons, pas à pas, création après création.

19

L'autonomie

À côté de cela, le quotidien est toujours là. Habiter seul : à vingt et un ans, j'ai envie de liberté. Mais suis-je capable de gérer une journée complète ? Suis-je capable de m'occuper de moi ? Sur le terrain de mes grands-parents, il y a une petite maison inoccupée, meublée. Un soir, alors que je dîne chez eux, mon grand-père me demande si j'aimerais y habiter. Est-ce que je me sens prêt à gérer mon emploi du temps ? Est-ce que je pense pouvoir y arriver ? Il n'y a qu'en essayant que je peux le savoir. Tenir mon budget, faire mes courses, mes tâches ménagères... Je n'ai jamais fait tout ça.

Mes grands-parents me proposent d'y aller par étapes. D'abord, une semaine d'essai. Une semaine, seul, dans un « chez-moi ». Une semaine pendant laquelle j'aurai la responsabilité de mes horaires, de mes repas… Allons-y. Plongeons. L'idée n'est pas de me mettre en difficulté, mais de voir jusqu'où je peux aller.

— On veut que tu réussisses, et on va t'aider pour ça, m'expliquent-ils.

L'occasion m'est donc donnée de vivre seul, de me confronter à la vraie vie, de tester mon autonomie. C'est parfait, c'est exactement ce que je veux. J'en ai envie depuis un moment. Vivre seul, devenir autonome.

On est en janvier 2015. Tous les jours, je dois aller au bureau. Départ à 8 h précises, en voiture, avec mon grand-père, qu'il pleuve, qu'il vente, qu'il neige. Je dois donc être prêt à partir à cette heure-là : je le retrouve devant sa porte. Et je ne dois rien avoir oublié de ce que j'ai à faire le matin. Me lever et ne rien rater, c'est un exercice loin d'être simple. Il y a deux ou trois loupés, parce que le réveil n'est pas bien programmé, mais, globalement, j'ai l'impression de m'en sortir. Lorsque je me lève, je pense toujours que j'ai le temps pour tout faire. Mais pas du tout ! Il y a toujours des imprévus, des pièges temporels. Je ne vois pas les minutes passer sous la douche ou pendant le petit-déjeuner. Ma chemise n'est pas toujours prête. C'est une somme de petites choses et, dans la vie professionnelle, je me dois évidemment d'être nickel. Cela me demande un temps fou. J'ai besoin de deux heures pour me préparer. Je dois tout anticiper pour qu'avant de partir ma vaisselle soit faite, que tout soit rangé.

La première semaine se passe bien et l'on enchaîne donc avec une deuxième.

Je trie mon linge, le blanc d'un côté, la couleur de l'autre pour partager les machines que font mes grands-parents. Je mets tout en œuvre pour que les choses se passent au mieux. C'est une charge énorme, dans la vie d'un autiste Asperger, d'accomplir toutes ces tâches ménagères quotidiennes.

J'apprends à gérer les choses, à m'organiser. Au début, je dresse des listes de ce qu'il y a à faire. Et je me fatigue vite, je ne peux pas arriver à tout faire chaque jour, avec le travail en plus. J'y dépense pas mal d'énergie, et suivre le rythme sur la longueur est un défi difficile à relever. Mais, au bout de quelques mois, les listes ne me sont plus vraiment nécessaires. J'assimile, je progresse et, même s'il m'arrive de laisser brûler un repas, j'avance énormément dans mon autonomie.

Pour le budget, nous avons mis au point un système d'enveloppes. C'est un point crucial : compter reste compliqué pour moi. Sur chaque enveloppe, une destination et, à l'intérieur, un montant. J'ai le droit de dépenser tant pour la nourriture, tant dans la participation à l'électricité, etc.

Au bureau, on se voit souvent, maman et moi. J'échange avec elle. Je l'écoute. Puis, je retourne régulièrement à la maison, les occasions sont nombreuses avec une grande famille comme la mienne. Mais, pendant six mois, j'habite seul dans cette petite maison. Le soir, en arrivant chez moi, je dois me faire à manger, m'occuper de moi.

Ma grand-mère passe souvent pour voir si tout va bien, si je ne manque de rien ou pour me donner un petit coup de main, si nécessaire. C'est son côté mère poule. Je sais qu'elle vient s'assurer que j'ai le moral, que je n'ai pas besoin de quelque chose, que je ne m'ennuie pas. Elle veut toujours le meilleur pour moi. Nous faisons les courses ensemble, car, à la campagne, il faut forcément prendre la voiture. Il est vrai que je me fais quelques frayeurs. Comme j'adore les carottes, j'en achète pour la semaine. Mais quand je veux aussi des betteraves, il faut que je fasse attention à ne pas en prendre trop si je veux également du dentifrice… Tout cela est tellement évident pour un neurotypique ! Si j'ai fait les courses avec mes parents avant, c'était sans regarder ce que coûtait chaque produit. Et là, je dois y prendre garde.

Je cuisine souvent avec ma grand-mère. J'adore cuisiner. Je maîtrise déjà quelques recettes apprises à la maison. Mais avec elle, je partage le plaisir de faire ensemble de nombreux petits plats, toujours plus savoureux les uns que les autres. J'aime acheter les produits, choisir les légumes, les sentir, les regarder, les éplucher, les cuire. La cuisine, c'est comme la mode : je peux inventer des tas de choses. Ce sont plein d'excellents souvenirs partagés avec elle. Quand je commence à cuisiner quelque chose, le temps n'a plus d'importance, je vais au bout de mes envies. Et si on me laisse faire, le repas peut n'être prêt qu'à 15 h...

Mais j'arrive parfois à tenir mes objectifs. Après plusieurs mois, j'invite un jour mes grands-parents et mon petit frère Mathis à un déjeuner chez moi. Je suis particulièrement fier de les recevoir. C'est ma première invitation, et je partage avec eux mon premier gratin de blettes, fameuse spécialité de ma grand-mère. En entrée, un melon, pour finir avec une crème au chocolat noir. Tout est délicieux ! Je suis capable de faire la cuisine, je suis capable d'organiser mon temps, de servir à manger à l'heure prévue, c'est une expérience très positive.

Réussir à m'en sortir dans cette petite maison est la condition pour pouvoir ensuite prendre un appartement. Comme une phase de test. L'étape suivante, logiquement, c'est une location. Ce sera à Rouen, en centre-ville. En juin 2015, j'emménage. Alexandre, étudiant en école de commerce, viendra habiter avec moi quelques semaines plus tard.

C'est un nouveau plongeon. Passé la porte cochère, je suis saisi : l'immeuble est magnifique, conçu par Gustave Eiffel. La cour intérieure est splendide, immense, des architectures métalliques, des verrières… L'endroit est très beau. Il y a bien pire comme premier logement !

L'appartement est en rez-de-chaussée, avec un demi-sous-sol. En haut, il y a l'entrée, la cuisine, un salon, salle de bain. Et, en bas, il y a deux chambres, forcément assez peu éclairées par une lucarne qui donne sur le trottoir au-dessus. Dans la première chambre, la fenêtre est encore assez grande, et l'on peut profiter de la lumière du jour. Mais la chambre du fond est dans une demi-obscurité, c'est quasiment une cave. Quand je visite, c'est ça qui me séduit, c'est là où je veux installer ma chambre. J'ai toujours aimé être un peu dans l'obscurité. Cette pièce devient ma grotte. J'y suis tranquille, comme un ours dans sa tanière.

Je peux inviter du monde dans cet appartement. Ce n'est pas vraiment le calme de la campagne. Mais je suis chez moi. J'ai le marché de la place Saint-Marc à deux pas de l'appartement, le plus grand marché de Rouen, avec des commerçants que je ne connais pas. L'ambiance est bien différente de celle où je faisais mes courses avec mes grands-parents. C'est un peu plus « fouillon », un mot que j'invente pour l'occasion : quelque chose entre fouillis et brouillon… Je dois reprendre mes marques. Trouver mes repères. Ça crie dans tous les sens, les vendeurs interpellent les passants. Des prix, des quantités, des ristournes se succèdent... Les queues semblent interminables. J'avais l'habitude d'être en petit comité, et là, je suis éberlué par la foule. Faire le marché me semble beaucoup plus difficile. En plus, la première fois, je me retrouve totalement seul. À la fin de ce premier marché, je suis un peu décontenancé, je ne suis pas sûr d'avoir mis la main sur les meilleurs légumes ; il y a peut-être mieux chez un autre marchand. Comment s'y retrouver quand il y a dix vendeurs pour chaque produit ? La fois suivante, ma grand-mère m'accompagne. L'idée ? S'assurer que j'ai repéré les bons fournisseurs. On fait un jeu. Dans chaque allée, je lui montre celui que j'ai sélectionné. Et, chaque fois, elle me dit :

— Alors là, bravo. Ça, c'est mon petit-fils.

Elle valide chacun de mes choix. Je ne me trompe pas, je peux avoir confiance en moi, j'ai la sensibilité pour ça : quand je vois la couleur des fruits, il n'y a pas d'erreur possible.

Je partage l'appartement avec Alexandre depuis un an, et Théo nous rejoint à son tour pour suivre ses cours à la fac. C'est une colocation fraternelle joyeuse. On se retrouve entre frangins, le clan se reforme. On ne fait pas non plus les quatre cents coups, mais je découvre la vie étudiante, les soirées chez nous, les amis de mes frères. La vie prend une tournure nouvelle et festive. Théo a énormément d'amis, une faculté incroyable à attirer les gens et à être entouré. Ça va, ça vient dans l'appartement. C'est l'imprévu chaque jour. Ils arrivent à l'appartement, nous discutons ensemble, puis ils partent à des soirées entre potes. Cela fait beaucoup d'animation, mais ça me va. Un jour, mes frères me proposent d'organiser une soirée chez nous. On pousse les meubles, les copains arrivent. Et je me dis qu'il y en a quand même beaucoup. On est vite une quinzaine, et c'est un moment de fête. Le fond musical donne une ambiance chaleureuse au moment. C'est encore une découverte de nouveaux codes sociaux, de la complexité des relations humaines, de ce qui peut se passer quand un groupe se retrouve pour un moment ensemble. Les gens ne s'aiment pas forcément tous, il y a des rivalités, des caractères plus ou moins forts, et ce n'est pas forcément une bonne idée de les réunir dans une même soirée. Il y a parfois des histoires. J'assiste à des prises de bec, il y a des éclats de voix, des pleurs… Tout ne va pas toujours bien pour tout le monde. Je découvre la vie, l'intensité des relations humaines. Le côté autiste en prend plein la figure. Certains ont un peu trop bu, d'autres sont fatigués, irritables après une journée de travail... Pour moi, tout le monde est gentil, et on devrait passer une soirée à s'amuser, simplement au plaisir de partager un bon moment. Mais ce n'est pas toujours comme ça que ça se passe. Je découvre, au fur et à mesure et quelques soirées plus tard, l'effervescence, l'imprévu, les décisions de sortir en boîte pour continuer la fête.

Ce n'est pas ma première sortie en discothèque. C'est quelque chose dont je rêvais, et mes frères m'y avaient déjà emmené. Ils avaient bien fait les choses, pour que ce soit inoubliable pour moi : grâce à un copain, ils avaient réservé un carré VIP, en hauteur, d'où j'avais une vue sur tout ce qui se passait. C'est une étape que je voulais absolument franchir. Mes frères y partaient sans moi avec leurs amis, et, forcément, cela me faisait envie, même si j'avais peur de perdre l'audition parce que j'imaginais que le son allait être extrêmement fort, avec des basses hyper profondes. J'y suis allé avec dans les poches des boules à mettre dans les oreilles pour me protéger. En fait, ça a été une bonne surprise : j'ai vécu ma soirée comme si j'avais assisté à un concert. Certes, c'était très rythmé, mais supportable. Le DJ était bon, et j'ai vraiment aimé l'ambiance. La pagaille, le bruit, les lumières, la danse. C'était la foire Saint-Romain sans les manèges. Tout m'a fasciné. Mes frères sont vraiment extra de me faire vivre des expériences comme celle-là. Je sais qu'ils ne me laisseront jamais seul.

Oh ! j'ai essayé de faire des sorties sans mes frères, en compagnie de gens avec qui j'ai pu sympathiser. J'ai croisé des personnes qui m'ont invité à des soirées. J'ai fait de nouvelles rencontres, la connaissance de nouveaux cercles d'amis déjà constitués, mais rien d'aussi fort qu'avec mes frères. J'ai voulu tenter le coup. C'était beaucoup de travail, beaucoup d'efforts. Très fatigant. J'ai cru à des amitiés, à quelque chose de réciproque, mais je me suis finalement rendu compte qu'on se servait beaucoup de moi. J'étais un gentil garçon toujours prêt à rendre service. Impeccable. Le fameux chevalier servant… Mes frères m'avaient pourtant dit de me méfier. Mais j'étais partisan de donner le meilleur de moi-même. C'est très compliqué. Cela fait partie de ces expériences personnelles que je devais mener. Les neurotypiques peuvent être très cabossés, aller mal, ne pas savoir ce qu'ils font. Je ne suis pas préparé à ça : pour moi, le neurotypique va bien, il est sociable, il n'a pas de problèmes, il sait se repérer dans le monde et se débrouiller tout seul. J'idéalisais vraiment. Et, confronté à la réalité de ce que sont les gens, chaque fois, je me laisse surprendre par tout ce qui va de travers, ne marche pas droit. Ils ne savent pas tous se mettre à la place des autres, alors que je sais le faire. Mais les neurotypiques sont parfois tellement centrés sur leurs problèmes ! Mon fonctionnement est inadapté : je vais tout donner pour voir si la personne est bien. Il me faut du temps pour comprendre. Au risque qu'on se joue de moi. Et, évidemment, cela est arrivé. Et cela risque de m'arriver encore. J'avais besoin d'essayer d'avoir mes propres amis, mes relations personnelles. Je pense aujourd'hui que je ne retenterai pas l'expérience. En tout cas, pas de la même manière. Faire confiance me prendra du temps. Le paraître ne m'intéresse pas. Je veux de vraies relations, des relations vraies avec de belles personnes. Il y en a autour de moi, dans ma famille, dans les amis de mes frères. On se retrouve à quelques-uns sur les réseaux sociaux. On a la même vision, on partage les mêmes intérêts : savoir donner, s'entraider, se soutenir quand il y a un problème. Sans mensonge : c'est droit, sincère. Il n'y a aucune ambiguïté possible. Et ça, ça vaut de l'or.

20

Une belle rencontre

Pendant ce temps, je continue de travailler. J'ai la place pour dessiner dans l'appartement. Nous sommes dans une période où nous peinons à trouver des modélistes et des couturières qualifiées. J'en vois passer, des personnes qui me disent :

— Je suis une super couturière, je sais m'y prendre.

Et le jour suivant, la couturière apporte un travail qui ne tient pas la route : il manque un centimètre à droite, il y en a deux de trop de l'autre côté, rien ne va. C'est décalé, ce n'est pas droit… ou une autre pour qui, lorsque le travail est fini, la doublure dépasse du vêtement ! On se pose vraiment des questions, et on a besoin d'un œil extérieur. Nous sommes obligés de freiner la commercialisation parce que nous n'arrivons pas à trouver une solution de production satisfaisante. Les grands ateliers existent, mais ils sont beaucoup trop chers pour nous, ou alors ils travaillent à une échelle beaucoup plus industrielle que la nôtre. Je réalise un vêtement par personne.

Le modèle économique est très artisanal. Ce qui limite aussi mon activité, c'est la nécessité d'avoir la personne sur place pour réaliser le modèle sur mesure.

Les demandes au-delà de la Normandie ne sont pas faciles à honorer parce qu'elles sont coûteuses et les déplacements fatigants. J'arrive quand même à réaliser une robe de mariée pour une cliente en fauteuil roulant qui habite la région lyonnaise. Nous avons dû nous organiser pour prendre ses mesures avec un tutoriel envoyé par mail et faire les essayages à Paris. Le seul qui pourra être planifié. Autant dire qu'on n'a pas le droit à l'erreur ! Le défi est relevé avec succès, mais nous sommes bien obligés de constater que ce n'est pas un modèle d'activité que nous pouvons développer en l'état. L'organisation mise en œuvre est trop compliquée pour tout le monde. La prise de risque est trop importante. Nous sommes aussi, de ce point de vue, face à de vrais défis pour nous développer.

Ma professeure de terminale continue de prendre de mes nouvelles. Je n'ai pas perdu le contact, loin de là. Je lui explique mes difficultés du moment. Elle me propose quelque chose qui va s'avérer extraordinaire : me mettre en contact avec la personne qui a présidé le jury de mon bac pour voir si nous ne pourrions pas lui demander des conseils. Quand j'entends sa proposition, j'ai les sourcils qui se lèvent d'un coup : je sais de qui elle parle… J'en connais un peu sur son expérience professionnelle et, du haut de mes vingt-deux ans, cela m'impressionne beaucoup. Qu'est-ce qui va être possible ? Elle m'explique que cette femme se prénomme Mauricette, qu'elle est à la retraite et qu'elle a certainement le temps d'échanger avec moi sur le métier. Le moment est bienvenu pour la contacter et lui montrer ce que je fais maintenant. L'idée d'échanger, d'en apprendre plus sur son expérience de la mode, ses connaissances de ce milieu, dont ni moi ni ma famille ne savons rien, me séduit. Si nous voulons nous développer, il faut vraiment que nous trouvions une solution ! Nous espérons qu'elle pourra nous donner quelques contacts et qu'elle nous aidera à trouver les bonnes personnes, voire à détecter les talents.

Lorsqu'elle vient à ma rencontre, nous commençons à parler de moi, de mon activité, à présenter l'état des lieux. Mon grand-père discute longuement avec elle aussi. Au départ, il s'agit de nous donner quelques conseils, des pistes pour résoudre nos problèmes. Et puis nous faisons plus ample connaissance tous les deux et commençons à parler technique de couture. J'ai un peu d'appréhension, forcément. L'écart d'âge qui nous sépare est un fossé qui peut sembler immense. Elle est à la retraite, je démarre juste ma vie professionnelle. Au final, Mauricette est séduite par mon projet d'une mode sans différence et de mon exigence du travail bien fait. Elle décide de m'accompagner dans l'aventure. Elle a un peu de temps et elle peut m'en consacrer. C'est un événement important dans l'avancée du projet. Nous avons, comme conseillère, une couturière du meilleur niveau possible. Nous apprenons à nous connaître, rapprochés par notre passion commune. Nous avons des conversations très professionnelles, des discussions de passionnés. Assemblage, fabrication, prototypage… Lorsqu'on se lance, il semble impossible de nous arrêter. Et, rencontre après rencontre, nos discussions continuent, s'affinent et se précisent. Nous allons passer des après-midi à parler technique, chercher la bonne solution, rire, chercher encore, échanger, trouver chacun une option, les mixer, détenir finalement la parfaite solution : toujours trouver le moyen de donner forme et vie à ce que je dessine. Une vraie relation, une vraie complicité se tisse au fil du temps.

Son expérience est perceptible à travers le moindre de ses gestes. J'apprends énormément. Elle aime transmettre, j'aime apprendre. Notre relation est très enrichissante. Sa façon de me montrer, concrètement, en résolvant des problèmes réels, est très explicite pour moi. On est à mille lieues d'un apprentissage scolaire, c'est une transmission. Je comprends exactement ce qu'elle me dit, pourquoi elle le fait : le pourquoi du comment.

Elle réussit à concrétiser et donner forme à ma créativité sous son meilleur jour. Pour moi, c'est tellement précieux d'avoir à mes côtés une personne qui ne me dit pas tout le temps « C'est très joli, c'est très joli », mais quelqu'un qui sache être dur avec moi pour faire évoluer mes performances, mon style, ma vision de l'avenir, même. Elle garde son autorité naturelle, elle ne me fait pas de cadeau. Elle oublie parfois que je suis autiste, parce que je fais des efforts de sociabilisation qui peuvent le faire oublier. Elle me voit heureux de faire mon travail, ambitieux, et elle ne voit plus ma différence, en tout cas pas comme un moins. Elle n'hésite pas à me bousculer quand j'ai une idée en tête sur le moyen d'arriver à mon objectif. Elle me recadre. J'ai du mal à l'accepter, parfois, parce que, quand j'ai une idée, il n'est pas facile de me la faire changer. Il m'arrive de quitter la pièce en marmonnant dans mon cerveau, pas très fier : « Est-ce qu'elle a raison ? Je n'ai pas du tout envie de faire ça comme ça, j'avais décidé de procéder autrement… » Et mon grand-père n'est jamais très loin et sait jouer les médiateurs entre les neurotypiques et moi. Il me prend par les épaules et me dit :

— Romain, il faut que tu acceptes le changement. Elle a quand même raison. Il faut que tu sois plus souple...

Il me les aura répétées souvent, ces phrases-là ! Il agit comme du miel sur une toux. Finalement, même si cela me demande parfois un travail sur moi, elle sait m'amener sur des chemins que je n'avais pas envisagés pour obtenir un résultat. Et, s'il y a une solution de fabrication meilleure que la mienne pour que mon modèle soit conforme à mon dessin, je suis très heureux de la choisir.

Je ne joue pas le styliste tyrannique qui met tout le monde au pas : je n'ai pas été élevé comme cela, je sais bien l'aide que les autres peuvent m'apporter, j'ai au fond de moi l'humilité nécessaire à l'écoute. Et je respecte chaque personne qui travaille autour de moi. Le respect mutuel, c'est une valeur familiale. Mais, quand quelqu'un me dit que ma solution est mauvaise et qu'il faut faire autrement, pour moi, c'est d'abord un échec personnel : je voudrais toujours donner le meilleur et, quand je n'y arrive pas, je dois vivre avec. Il me faut juste un peu de temps pour l'accepter, et je dois avoir confiance en la personne, sans quoi me faire changer d'avis est très compliqué.

Au fur et à mesure, nous tissons des liens de complicité amicale. Notre relation est simple, basée sur la bonne humeur et le respect mutuel. Nous trouvons un terrain d'entente et d'écoute que je n'ai pas eu jusque-là avec mes autres relations professionnelles. Nous en arrivons souvent à nous comprendre sans même nous parler. Au bout de quelques mois, nous avons nos habitudes de travail, nos méthodes.

Elle me permet de passer au stade supérieur, de progresser encore et encore. Plus jeune, je pensais que j'allais devenir styliste du jour au lendemain, que j'allais créer un modèle par jour et que l'addition des modèles ferait une collection complète à la fin. Cela paraissait simple. Mais les choses ne marchent pas comme cela. Elle me ramène à la réalité, au niveau le plus concret du travail. Quand je vois la qualité des finitions de ce qu'elle coud, c'est incroyable. Elle me fait rapidement faire des progrès considérables. Elle s'est mise à ma portée, nous nous comprenons. Ce qui se passe est très fort, et inespéré : être aussi proche d'une personne neurotypique, aussi proche d'une professionnelle de ce niveau... Je bénéficie auprès d'elle d'une formation pratique, à mon rythme. Et ce n'est qu'un début. Elle me le répète souvent :

— Mon pauvre, si tu crois tout savoir de la couture... Ce n'est jamais fini. Moi, j'en apprends encore !

Beaucoup de stylistes ne sont pas passés par là, par cette approche pratique de la couture, et demandent parfois des choses impossibles à réaliser, faute de connaître les possibilités offertes par la technique. J'ai eu du mal à accepter ces limites imposées par les aspects pratiques. Pendant un moment, cela a nui à ma créativité parce que tout ce que j'imaginais auparavant n'était pas totalement faisable. Il m'a fallu un peu de temps pour assimiler les contraintes qui ont fini par me canaliser et me rendre meilleur.

Je suis capable de lui poser des questions techniques qui demandent un savoir-faire de très haut niveau. Comment peut-on coudre des poches par l'intérieur plutôt que l'extérieur, par exemple ? C'est une des poches les plus difficiles à coudre. Et là, elle me montre, elle retourne le tissu, m'apprend comment faire en la regardant, comment ajouter une doublure à ce montage déjà complexe… Je vois et je me dis : « Mais bien sûr ! » J'avais essayé des choses, seul, sans y arriver, et, là, c'est tellement clair : c'est comme ça que ça doit se faire et jamais je n'y avais pensé. Elle m'apporte cinquante ans d'expérience comme un cadeau magnifique. Cette générosité n'a pas de prix. Elle vient comme cela me donner des conseils, m'aider à résoudre des problèmes techniques pointus. Deux ans après sa première visite à l'atelier, encore aujourd'hui, nous échangeons sur notre passion commune.

J'observe beaucoup les gens, la façon dont leurs vêtements sont portés, le tombé des tissus, les détails de fabrication. Il m'arrive même de prendre des photos de détails sur des vêtements. Je veux comprendre comment les techniques de couture peuvent être appliquées concrètement. Je veux tout connaître, du début jusqu'à la fin de la confection d'un habit.

Un jour, en été, je fais mes courses dans un supermarché. Je vois une personne, une femme brune, pas très grande, en jean bleu et portant une veste en cuir fauve avec, surtout, un pli en surplus au-dessus de l'épaule. Ce truc me tape dans l'œil. Les gens passent à côté de la personne, la croisent, et aucun ne s'y intéresse, mais moi, je suis fasciné. Je prends un bout de papier et je fais tout de suite un dessin pour mémoriser le pliage du tissu de l'épaule. Ce détail peut totalement changer un vêtement, lui donner de l'allure. Je pourrais même décliner une collection entière à partir de cet élément, avec des dégradés, des dépareillés… Les possibilités me semblent immédiatement infinies.

Le tissu, au-dessus de l'épaule, est replié pour faire comme une épaulette, mais avec le tissu même de la manche. C'est un pliage, associé à une couture, la couture restant invisible, sous le tissu replié.

En rentrant, j'essaye de reproduire la chose, de nombreuses façons différentes, sans jamais y parvenir vraiment tel que je le souhaite. Je fais une première ébauche de pliage en toile à patron, un peu à l'arrache. C'est un casse-tête, je n'arrive pas à retrouver le tombé qui m'a fasciné. Alors, lorsque je revois Mauricette, forcément, je lui en parle. Je lui montre mon ébauche, le croquis que j'ai dessiné et je lui demande si elle a une idée pour le réaliser autrement, s'il existe des techniques d'assemblage pour avoir un beau rendu. Elle prend mon chiffon en me disant qu'elle va étudier la question chez elle. Ce n'est pas simple.

Lorsqu'elle revient, une semaine plus tard, Mauricette me confirme :

— Ça a été compliqué.

Il y a un problème d'épaisseur de tissu : pas question de superposer les couches, ce qui ne ferait pas un vêtement agréable à porter et entraînerait une certaine rigidité au niveau de l'épaule. En fait, une couture en trop peut ruiner tout l'aspect d'un vêtement. Tout est question de dosage ! Elle a testé plusieurs solutions et elle a fini par trouver la meilleure. Lorsqu'on regarde le résultat, on a l'impression qu'il y a plusieurs morceaux assemblés, alors que le tissu n'est que d'un seul tenant. Il fallait y penser !

Je ressens, derrière cette recherche de solution, un indicateur de sa marque d'affection réelle et sincère. Grâce à elle, je vois l'avenir beaucoup plus grand que je ne l'aurais jamais imaginé. Mauricette est la personne qu'il me fallait pour m'accompagner sur ce chemin professionnel. La vie est faite de belles rencontres. Celle-là en est une exceptionnelle !

21

Asperger

Travailler, entretenir l'appartement, m'occuper du quotidien est vite épuisant. Mais j'ai mon rythme. Je crée principalement la nuit, je me repose le matin et je travaille l'après-midi. De temps en temps, en fin de journée, nous mettons en place des réceptions privées, des réunions en petit comité. Des clientes ou des connaissances invitent leurs amies et nous les recevons dans mon atelier, avec coupe de champagne et petits-fours pour faire découvrir mon activité. Nous entretenons ainsi le bouche-à-oreille.

Je montre les étapes de fabrication d'un vêtement, la façon dont je conçois mes modèles. L'exercice me demande d'apprendre à parler clairement, précisément. Je suis coaché. Maman et mon grand-père me suivent de près : ce que je peux dire, ce qui ne se dit pas, comment on dit les choses… C'est beaucoup plus compliqué que prendre des mesures ou discuter avec une seule cliente. Là, je dois faire bonne impression auprès de quatre, cinq personnes en même temps, sans aucune faute de français, sans trop en dire pour garder cette part de mystère qui va donner envie aux futures clientes d'aller plus loin. Quand j'arrive, c'est moi que tout le monde regarde, je suis le centre de l'attention, et c'est à moi de convaincre et de séduire.

Les premières fois ont été un peu tendues ; je sais ce que l'on attend de moi et j'ai vraiment envie de bien faire. Mon élocution doit coïncider avec le styliste que je suis. L'approche verbale doit être professionnelle. On ne dit pas « tour de seins », mais « ligne de poitrine », par exemple. Les connotations m'échappent si on ne me les précise pas. Je n'ai pas le droit à l'erreur. Je dois faire en sorte que ces femmes aient envie que je les habille.

Quand une cliente accroche, on la reçoit seule, pour parler avec elle de son vêtement, de ce que je vais créer pour elle. Je me mets à ma table et, sous ses yeux, je dessine des croquis en fonction de ce que j'ai ressenti, vu, entendu. Je fonctionne comme une éponge, je ressens et j'absorbe les émotions, la personnalité, ce qui est dit, la façon dont la cliente se tient, sa démarche, ses craintes, ses doutes, ses espoirs, ses complexes parfois, et de tout cela, je fais un vêtement qui lui correspond exactement.

Évidemment, j'ai peur de ne pas y arriver, je dois incorporer dans ma créativité de la fluidité, de la souplesse. Je suis plutôt rigide, naturellement. Quand je dessine un col dénudé en V, si la cliente veut un col arrondi, j'essaye de trouver un compromis, une sorte de V arrondi… Ce qui est toujours un peu tiré par les cheveux. Parce que, quand je construis un vêtement, j'ai le souci du détail. Chaque chose est étudiée pour que le tout fonctionne ensemble. Si les manches sont en volutes arrondies, le col sera également arrondi. Cette fois, un col V sera impossible, puisque j'ai un modèle tout en rondeurs... Tout est très logique, très structuré. Si on m'impose un changement, cela impliquera d'autres changements pour garder un équilibre, une unité. J'aime quand tout coïncide. Le vêtement doit être fluide et cohérent. Mais, au fil des rendez-vous, j'apprends à discuter, à employer les bonnes formules, à mettre en avant les arguments qui permettent à la cliente de ne pas faire de choix qui la desserviraient. Le vêtement doit la mettre en valeur.

C'est un exercice difficile, mais qui porte ses fruits. Comme un petit miracle qui se produirait chaque fois : la future cliente, systématiquement, est séduite et conquise. Jamais une personne ne repart de mon atelier en me disant qu'elle ne veut pas de ce que je lui ai proposé. Ça arrivera peut-être, mais c'est sûrement un bon indicateur de ma sensibilité à saisir ses attentes.

Quand vient le temps des rendez-vous nécessaires à la réalisation de son modèle sur mesure, là aussi, j'ai mes codes pour mettre la cliente à l'aise. Je fonctionne en binôme avec la couturière qui travaille à la confection du vêtement et, lorsque la cliente part en cabine d'essayage pour enfiler le modèle en préparation, j'ai la pudeur de sortir de la pièce.

Pour un premier essayage, elle en ressort avec son modèle en toile. Lorsque c'est son deuxième essayage, elle porte son modèle taillé dans le tissu de son choix. Dans les deux cas, c'est la couturière qui ferme son vêtement sur elle à l'aide d'épingles. Je rentre quand les questions d'ajustements, de lignes et de reprises sont à faire.

Il a fallu que j'apprenne à avoir les bons gestes également. Ne pas toucher le corps de ma cliente. Jamais. Ne pas poser le doigt sur elle, même pour montrer une ligne qu'il faudrait faire suivre au vêtement pour améliorer la découpe. Trouver la distance socialement acceptable, toujours. Ce sont encore des codes sociaux qui ne me sont pas venus naturellement et que j'ai dû acquérir. Mes clientes savent que je suis autiste, elles sont bienveillantes avec moi. Je suis vrai, sincère. Mais cela n'exclut pas les efforts que je fais pour être à la hauteur de ce qu'on attend d'un styliste classique. Je m'adapte. J'apprends. Je progresse.

Pour moi, une cliente, c'est quelqu'un de proche, quelqu'un qui entre dans mon cercle, comme ma famille. Je lui livre le meilleur de ce que je suis : mes idées, ma créativité, ma joie de vivre, ma passion du travail. Je suis heureux de faire quelque chose avec elles. Nous passons un moment agréable ensemble, un moment humain.

J'ai une cliente complexée par son poids, qui n'ose pas aller dans un magasin de vêtements parce qu'elle a peur du regard des autres. Une de ses amies l'a poussée à me rencontrer. La barrière est tombée, parce que je suis bien placé pour savoir qu'on est tous différents. Je lui ai fait une robe pour le mariage de son fils. Lors du premier rendez-vous, elle était introvertie, timide, avait le visage crispé. Petit à petit, elle s'est sentie à l'aise, en confiance, et elle s'est détendue. Nous avons échangé sur le regard des autres, leur jugement. Ce sont des conversations tellement profondes, intimes même. Elle est devenue une de mes clientes favorites, clairement. Ces relations sont importantes pour moi, elles sont sincères, solides. Cela va bien plus loin qu'une relation de fournisseur à client.

Quand ce sont des clientes en fauteuil, je vois leur force et leur combat. Je ne m'apitoie pas, elles n'en ont pas besoin. Je suis admiratif de leur courage, comme une de mes clientes, qui a grandi dans son fauteuil et ne peut déplier son corps, même lorsqu'elle est allongée. Elle est soulevée de son lit à son fauteuil avec un treuil, et inversement, toujours en position assise. C'est une femme absolument formidable, avec une vie professionnelle enrichissante. Mais, pour s'habiller, elle n'a que des vêtements en stretch que son auxiliaire lui enfile par le haut jusqu'au bassin, pour ensuite tirer sur le tissu jusqu'à recouvrir ses jambes… Je lui fais donc une robe de mariée avec toute l'envie de faciliter ses contraintes d'habillage. Elle me dira que c'est la première fois de sa vie que le vêtement s'adapte à elle et non l'inverse. Elle ajoutera même que sa robe aura contribué à ce que cette journée soit la plus belle de sa vie. Que dire de plus !

Avec certaines clientes, les essayages se font en position allongée, parce qu'il n'y a pas moyen de procéder autrement. La cliente ne peut évidemment pas se mettre debout pour enfiler quoi que ce soit. J'ai une perception de la différence qui est tellement naturelle que tout cela se fait sans tension, avec respect. J'ai vécu la différence de l'intérieur, je ne vois pas comment il pourrait en être autrement. Il n'y a rien de plus important qu'accueillir l'autre, lui faire une place, le considérer pour l'être humain qu'il est. On passe du temps à rire ensemble. Les histoires des personnes en fauteuil roulant font partie des histoires les plus touchantes qu'on puisse entendre. Chaque histoire me nourrit et nourrit ma créativité. La vie de mes clientes résonne en moi. C'est magique, on n'imagine pas l'importance de ces choses-là.

En avril 2017, je présente mon travail au salon international de l'autisme, à Paris. Je trouve normal de m'y rendre, pour une fois que l'autisme est à l'honneur. Le salon dure deux jours, au Centre des congrès du parc de la Villette. Nous y étions déjà allés en 2016 en tant que visiteurs et avions déjà rencontré les organisateurs. L'année suivante, ils me recontactent pour me proposer de présenter un défilé, mais c'est bien trop cher pour tout le monde. À la place, ils me proposent de m'inclure dans leur programme et de tenir une conférence en fin de deuxième journée en évoquant mon parcours. Sur ces deux jours de salon, je suis toujours accompagné, bien sûr, par un membre de ma famille. Nous y tenons un stand pour présenter quelques modèles sur buste, toujours dans l'idée de faire connaître mon travail et de valoriser, à ma modeste échelle, le regard que portent les neurotypiques sur l'autisme.

Depuis l'âge de huit ans, je répète ce que les médecins m'ont expliqué :

— Romain, tu es autiste, tu as le syndrome d'Asperger.

Hans Asperger est un chercheur. En 1943, ce médecin a identifié chez quatre jeunes garçons un modèle de comportement et d'aptitudes incluant « une faible capacité à se faire des amis, une conversation unidirectionnelle, une forte préoccupation vers des intérêts spéciaux et des mouvements maladroits ». Hans Asperger avait noté leur capacité intellectuelle sans déficience, et leur aptitude à parler de leur sujet favori avec beaucoup de détails. Bref, tout cela correspondait en bien des points à mon comportement. Au fur et à mesure que je grandis, j'apprends régulièrement que les troubles autistiques sont décrits et classés par des médecins psychiatres de façons différentes. En 2013 est paru le DSM-5 : la cinquième édition et la plus récente du *Diagnostic and Statistical Manual of Mental Disorders* (Manuel de diagnostic et statistique des troubles mentaux), publié par l'*American Psychiatric Association.* Le DSM-5 a remplacé les troubles autistiques, le syndrome d'Asperger et les troubles envahissants du développement par la catégorie générale « troubles du spectre autistique » : TSA.

Pour classer les TSA, il y aurait comme une échelle avec les autistes de « haut niveau » d'un côté et les autistes de « bas niveau » de l'autre.

Tout cela me dépasse. En fait, pourquoi classifier les autistes par rapport à leur capacité à s'exprimer ? Parce que je sais parler, je serai un autiste de « haut niveau » ? Et les autistes non verbaux seraient par là même des autistes de « bas niveau » ? J'en connais plusieurs qui ont été non verbaux jusqu'à l'âge de six ans et qui pourtant, aujourd'hui, sont tout à fait capables de tenir des conférences. Alors, ces enfants auraient été vite classés dans la catégorie « bas niveau »... Mais pourquoi les classer ainsi parce qu'ils ne communiquent pas ? Comme s'ils étaient par voie de conséquence des « non-pensants » ! Oserait-on dire d'un muet qu'il n'est pas capable de résonner parce qu'il ne parle pas ? Qu'il est d'un « bas niveau » ? Toutes ces méconnaissances sur l'autisme nous malmènent. Il est urgent de se pencher sur la question sous un autre angle. Le mien est assez simple : j'ai bénéficié, grâce à mes parents qui se sont beaucoup battus, d'un encadrement stimulant, d'un accompagnement personnalisé, d'une méthode appropriée qui m'a donné les clés pour comprendre le monde des neurotypiques au moment où j'en avais le plus besoin. J'ai eu la chance d'être rescolarisé en milieu ordinaire avec AVS et j'y ai appris par mimétisme tous les codes sociaux. Je suis ce que je suis : autiste, certes. Mon intelligence est différente, et alors ? Est-ce pour cela que je ne dois pas avoir ma place dans ce monde ? Je crois que la neurodiversité est une chance pour chacun d'entre nous. Il faudrait arrêter de considérer que l'autisme est une maladie ou une pathologie qui justifierait de nous exclure ou de nous placer en hôpital psychiatrique. Je sais ce qui a fonctionné pour moi. Vivre ensemble. Et c'est le message que je veux faire passer, ce jour-là, au salon de l'autisme.

C'est l'heure de me rendre à l'amphithéâtre où je dois tenir ma conférence. C'est une première. J'ai déjà été interviewé par des journalistes et participé à des tables rondes, également animées, mais je ne me suis jamais exprimé seul, pendant plusieurs minutes d'affilée, derrière un micro.

Je me retrouve sur scène, face à une salle noire de monde. Lorsque je m'exprime, il y a un écho qui me perturbe un peu. Je parle généralement dans des lieux moins vastes. La pièce me semble immense, je suis complètement perdu, je n'ai pas de repères. J'ai vingt minutes pour raconter mon histoire. C'est un exercice difficile, le plus difficile de toutes mes interventions.

Lorsque je commence à parler, je suis déjà épuisé par les deux jours de salon qui ont précédé. Deux jours sur le stand, deux jours d'interactions à répondre aux questions des visiteurs. Mon père m'avait briefé, pour que je sois le meilleur possible :

— Dis bien bonjour, souris, sois chaleureux avec les gens.

Bon, j'en fais du coup peut-être un peu trop : chaque fois qu'une personne passe devant le stand, je la harangue :

— Bonjour ! Bienvenue !

Je me lance, je suis sans filet. J'éprouve de l'anxiété, du stress, c'est difficile, mais ma motivation à témoigner et faire changer le regard des gens sur l'autisme est plus forte. Heureusement, ma famille est toujours là pour me soutenir. Je vois ma mère au premier rang. Sa présence me rassure. J'y vais. J'ai l'impression de bégayer, de chercher mes mots, d'hésiter. Quelques tics vocaux, mais rien de dramatique, et pas plus de fautes de français que lorsque je suis en pleine forme. Les fautes d'accord sont un indicateur indiscutable de mon niveau de fatigue. Mais je raconte les épreuves que j'ai traversées et, surtout, tout ce qui m'a permis d'arriver jusque-là aujourd'hui. Je sens que je gère tout de même assez bien mon intervention. Je pense en fait que les efforts fournis par les neurotypiques lorsqu'ils parlent en public, comme je le fais là, correspondent à ceux qui me sont nécessaires à longueur de journée pour avoir des interactions sociales de base. Donc, monter sur scène ne change pas grand-chose pour moi finalement. C'est autant d'efforts que dans le reste de ma vie. J'en ressors fatigué, épuisé, vidé, mais c'est mon lot quotidien, la tension normale que je mets dans toute relation sociale. Je termine mon intervention. C'est une réussite. On me dit que je m'en sors aussi bien que de nombreux neurotypiques. En tout cas, je pense que, pour les prochaines fois, je serai rodé, je vais vite m'habituer à l'exercice.

Plein de gens viennent me voir à la fin de mon discours. Une maman me raconte comme elle est perdue parce qu'elle n'a personne pour l'aider avec sa fille autiste et comme la situation est difficile pour elle. Mon parcours lui redonne de l'espoir, même si le diagnostic est compliqué, l'attente trop longue, même si l'on manque de solutions adaptées pour permettre aux autistes de vivre dans une société inclusive.

La situation est très complexe à gérer en France pour de nombreux autistes et leurs familles. Il est déjà très difficile d'être au courant des possibilités, des procédures à suivre pour aider les enfants. Comment peut-on s'en sortir, sans aide, lorsqu'on est parents autistes avec des enfants eux-mêmes autistes ? Certaines problématiques se révèlent quasi insurmontables.

Je reste longtemps dans la salle pour échanger avec chacun, raconter ce qu'il faut de détermination pour avancer, l'implication forte et nécessaire de l'entourage pour que l'enfant se porte le mieux possible. Je ne peux pas partir avant d'avoir parlé à tous ceux qui le souhaitent, c'est le moins que je puisse faire. J'y mets toute mon énergie. Longtemps.

Quand la salle est complètement vide, je quitte l'amphithéâtre avec le sentiment du devoir accompli. Je me rends compte que je suis allé au bout de tout ce que je pouvais donner, jusqu'à en avoir des tremblements à la fin de cette trop longue journée. Mais ce n'est pas fini, il faut encore ranger le stand pour repartir. Tout cela aura été épuisant.

Voilà ce que je vis en tant qu'autiste dans un monde formaté, auquel il me faut chaque jour m'adapter pour y trouver une place. Tous ces efforts sont extrêmement fatigants. Je rêve parfois de ne plus avoir à en faire et de vivre seulement de ma sensibilité, qui serait reconnue comme une valeur ajoutée. Tout simplement.

22

Une mode sans différence

À travers mon métier, j'entends transmettre ma façon de voir l'avenir de notre société. Que chacun soit accepté tel qu'il est. Je veux parvenir à proposer une mode qui s'adapterait à tous, tel que j'imagine le monde parfait. Je veux vraiment réussir à proposer une mode sur mesure et sans différence. Par ce terme « sans différence », j'entends : « stop à la mise à l'écart, à la stigmatisation, aux discriminations ». Avec ma sensibilité, j'aspire à tout le contraire d'un « monde sans différence » qui sous-entendrait qu'il faut les cacher, ne pas en parler, pour ne pas les faire exister. Ma volonté est bien de proposer des vêtements qui correspondent à chaque personne, quelle que soit sa morphologie, voire son handicap éventuel. Les modèles doivent pouvoir être adaptés à tous, sans faire de différence. Voilà le fond de mon message.

Au moment où nous ne trouvons pas de modéliste, au début de mon activité, j'ai une idée, une idée somme toute assez simple : développons une solution technique qui soit une sorte de modéliste 2.0, une solution qui permettrait de transformer un patron automatiquement selon la morphologie de chaque personne en supprimant les essayages. Nous devons parvenir à réaliser un vêtement sur mesure de façon automatisée, facilité par une prise de mesures exacte au millimètre près. L'automatisation permettrait aussi de produire chaque vêtement à l'unité tout en réduisant les coûts de fabrication et donc de proposer une offre économiquement viable. Il faut combiner la connaissance du métier avec les nouvelles technologies pour arriver à concevoir chaque modèle à la mesure d'une personne, en ne l'obligeant plus à venir plusieurs fois à l'atelier pour les essayages. Relever ce défi technologique me permettrait aussi d'élargir ma clientèle au-delà de la Normandie. Elle résoudrait donc plusieurs problématiques à la fois. C'est pour rendre la mode sur mesure accessible à tous que nous commençons à concevoir ce système.

Après avoir fait le tour de tout ce qui se fait dans le domaine, écumé les salons, avoir rencontré les professionnels ayant les technologies les plus avancées, nous n'avons rien trouvé qui corresponde à cet objectif. Nous lançons sur Internet à travers mon association Romain Brifault Innovation une campagne d'information « Pour une Mode Sans Différence » (PMSD). Nous avons besoin de soutiens, de dons pour faire aboutir ce nouveau projet qui demande beaucoup de recherche et développement et, par voie de conséquence, beaucoup d'investissements aussi ! Nous cherchons encore, au fil de nos présentations, en frappant à toutes les portes, à trouver l'argent nécessaire au développement du système. Je viens systématiquement à tous les rendez-vous. Moi qui ai arrêté mes études après le bac, j'ai le sentiment de suivre une formation supérieure à partir d'un cas pratique. Comme d'habitude, le meilleur moyen de tout assimiler, ce sont de nombreuses rencontres, avec des experts de toutes sortes. Nous devons non seulement trouver des fonds, mais également les bons partenaires pour travailler sur les aspects techniques de notre solution. Cela prend du temps.

Parmi les belles rencontres, il y a la Fondation Orange. Nous avons vu qu'ils financent des projets de personnes avec autisme, nous les contactons pour en savoir plus. Mais en fait, nous n'entrons pas du tout dans le cadre : les subventions sont uniquement attribuées aux rares entreprises qui embauchent des personnes avec autisme. Pas pour un autiste qui lance sa propre activité et qui a un projet innovant ! Orange nous confirme qu'on ne rentre pas dans les clous… mais la fondation est en train de mettre sur les rails un nouveau dispositif, Coup de Pouce, qui correspond précisément à notre situation. Ils n'ont pas encore commencé à communiquer sur le sujet, notre prise de contact tombe à pic. Nous postulons à bien d'autres concours, nous ne sommes pas toujours retenus. Mais nous continuons à tracer notre route, frappons à d'autres portes. À force de persévérance et de travail, sans rien lâcher, les portes finissent toujours par s'ouvrir.

La Fondation Orange est vraiment impliquée dans l'autisme. Leur engagement et leur souhait de faire bouger les choses ne datent pas d'aujourd'hui. Je ressens cette émotion, cette sincérité, dès la première réunion à Paris pour présenter mon projet. Je ressens leur intérêt pour ma démarche. Je finis la réunion et je salue les personnes présentes en embrassant la première secrétaire de la fondation et en leur disant que je les adore – peut-être pas encore tout à fait approprié pour le monde professionnel ! Mais, quelques jours plus tard, le téléphone sonne : on est retenus.

Je suis invité aux trente ans de la Fondation Orange le 28 septembre 2017. Cela fait, en effet, trente ans qu'ils soutiennent l'autisme. Je suis interviewé par une journaliste et maman d'enfant autiste polyhandicapé qui a des questions pertinentes. Lorsque je m'exprime devant les cadres de chez Orange, tout le monde semble très ému d'entendre comment j'ai essayé, entouré par mes proches, de me donner les moyens de me créer un avenir avec une vision à long terme. Il faudrait que je ne sois pas le seul. C'est sans doute possible d'encourager d'autres potentiels à émerger, dans bien d'autres domaines que le mien comme la musique, les langues ou l'informatique. Je sens l'espoir dans leurs regards. Je leur parle et j'essaye de faire passer la force, le courage nécessaire pour y croire. Je tente d'expliquer comment les autistes fonctionnent. Je raconte mon parcours. Et, à travers mon histoire, comment le monde devrait nous regarder, nous donner les mêmes chances d'exister. Je n'ai qu'un message : « Nous pouvons nous apporter mutuellement. » C'est un moment d'échanges riche et dense.

Le 9 octobre 2017, le Coup de Pouce de la Fondation Orange m'est officiellement remis à Rouen, dans un des salons de la Chambre de commerce et d'industrie. C'est quelque chose, le parcours de vie d'autiste, et c'est très important de se sentir soutenu. Une bonne soixantaine de personnes sont là. Peut-être un peu plus. Des gens qui me suivent depuis le début, des relations de mon grand-père, Mauricette, évidemment, ma famille... Nous avons accroché des cadres avec les photos de certains mannequins portant mes modèles et, bien sûr, celle de Karine dans une de mes robes de mariée. Il y a également quelques mannequins bustes sur lesquels j'expose mes créations au public. Des robes qui ont été montrées lors de mon défilé. D'autres plus récentes. Je veux montrer ce que je sais faire.

La secrétaire générale de la Fondation Orange me remet le prix qui va nous aider à financer une partie du développement de notre projet d'une mode sans différence. C'est le premier Coup de Pouce de la fondation au projet d'un autiste.

— Tout m'a séduit chez Romain, explique-t-elle. Le personnage est passionnant. Sa différence est une force. Sa détermination, et cette bienveillance, cette générosité qui l'entourent, c'est assez rare.

Sur scène, je la remercie, ainsi que tous ceux qui m'ont aidé à en arriver là. Alexandre est près de moi, debout, et je fais mon discours de remerciement avec lui.

— Depuis toujours, je me bats pour que la différence ne soit plus un handicap, mais une force et un atout majeurs dans la vie d'une personne, que ce soit dans le monde de l'autisme ou dans celui du handicap en général. Ça a été naturel, à travers ma créativité, de transmettre un message positif, qui donne envie de nous regarder autrement que sous le prisme du handicap.

À la fin de la cérémonie, toute ma famille monte sur scène, mes parents, bien sûr, autour de moi comme au premier jour, mes grands-parents aussi. Nous posons pour la photo souvenir, Mauricette est juste derrière moi, à ma droite, la main posée sur mon avant-bras, protectrice.

Tout cela va également nous permettre d'avoir une nouvelle actualité médiatique. J'ai mon portrait en dernière page du journal *Ouest-France*. Mauricette m'y compare à Yves Saint Laurent. Peut-on faire plus beau compliment ? Les Normands commencent à connaître mon histoire, ma vision des choses. Chaque actualité est un peu comme un feuilleton.

L'épisode qui me plaira le plus de tourner est celui où je parviendrai à concrétiser ce que j'ai en tête. Ce Coup de Pouce porte bien son nom. C'est un début pour lancer le développement de mon innovation. Ce sera avec le soutien financier du plus grand nombre, de chacun d'entre vous, que j'arriverai à imposer mon combat : Pour une Mode Sans Différence.

23

Le travail de styliste

L'activité de ma maison de couture continue. Parmi les portes qui s'ouvrent, il y a celle de Saint James. C'est une entreprise de tricots, qui fabrique les pulls marins et autres marinières depuis des années. Établie dans la Manche, elle est classée parmi les Entreprises du patrimoine vivant (EPV). Nous obtenons un rendez-vous avec le PDG. C'est un jour important, nous sommes en avril 2017. Je ne sais pas encore que son entreprise réalise plusieurs dizaines de millions d'euros de chiffre d'affaires, dont quarante pour cent à l'étranger, mais je sais que ce déplacement et l'impression que je vais faire sont potentiellement importants. Nous y allons pour nous présenter, nous faire connaître, comme nous le faisons le plus souvent possible, depuis le tout début.

Direction Saint-James donc. C'est le nom de la commune, proche du Mont-Saint-Michel, où est installé le siège social de l'entreprise. C'est une réunion très sérieuse, au cours de laquelle nous faisons chacun notre présentation. Je raconte mon parcours, comment j'en suis arrivé là. Quelles sont mes ambitions, jusqu'où va ma volonté et de quelle manière fonctionne l'équipe familiale. J'avais eu une consigne : être concis. Pas question de faire perdre du temps à notre hôte. Nous considérions que nous aurions un quart d'heure pour convaincre, il ne fallait pas perdre de temps. Je parle de mon parcours scolaire, de mes difficultés avec mes camarades, de ma belle rencontre avec une professionnelle de la haute couture… Je donne toujours un peu l'impression, quand je raconte mon histoire, que je la vis encore. Les émotions me reviennent souvent presque intactes. Je comprends que ce par quoi je suis passé le touche. Je vois sa bienveillance. Notre discours l'intéresse, et il nous annonce qu'il veut voir, concrètement, de quoi je suis capable. Ce qui l'intéresse : juger sur pièce de la qualité de mon inspiration. Sa demande est simple : que j'imagine une marinière pour une prochaine collection, et nous verrons ce que je suis à même de proposer. Si mon projet tient la route, nous ferons quelque chose ensemble.

Waouh !… C'est quand même Saint James : on voit ses tricots partout dans le monde, de la Corée du Sud aux États-Unis… Je n'ai pas le droit de le décevoir. Je vais devoir être à la hauteur. Mon cerveau se met à bouillonner immédiatement. C'est *Star Wars* dans ma tête. Je ne prends pas sa demande à la légère. C'est une opportunité extraordinaire, et je veux la saisir. Le soir même, je prends mes crayons et mon papier, et je commence à travailler. Je réalise quelques croquis, me plonge dans l'univers de la marque. Trois croquis homme et trois croquis femme plus tard, je continue à avoir des idées. Je dessine autant de modèles qui vont me permettre de m'exprimer. Finalement, pourquoi m'arrêter aux marinières alors que j'imagine une collection entière ? Rien ne m'en empêche.

Là, je peux m'éclater, jouer avec les rayures, transcender le motif, pousser les contraintes aussi loin que possible. Des robes, des pantalons, des capes : tout est possible, les modèles se succèdent, les croquis s'enchaînent, l'inspiration déferle. Des tuniques, des vestes, pour homme, pour femme, et mixtes aussi. Des cabans, des manteaux… Je fais tout, jusqu'à la toque, les sacs à main ou les sacs de voyage. Pour finir, je dessine une robe de mariée, le clou de la collection. C'est la nuit, le silence est absolu. Je ne suis pas dérangé par le bruit d'une voiture qui passe ou le grincement d'un parquet, je suis tout à ce que je fais et ne vois pas le temps passer. Je suis dans mon élément, lancé dans un bain de créativité infini. Et j'imagine la voix de Mauricette qui me dit : « Tu ne peux pas faire ça, il ne faut pas mettre la couture à cet endroit, si tu fais une fente dans ce modèle, prévois tes parmentures… » Je suis dans un état d'effervescence créative. Le résultat que j'obtiens est extrêmement travaillé. Je crée en deux nuits une collection de quatre-vingt-un modèles. Mes proches sont toujours les premiers à me donner leur avis sur ce que je dessine. Papa me dit qu'il porterait bien certains modèles. Maman et ma grand-mère sont emballées par d'autres. Mauricette me dit :

— C'est pas mal, Romain.

Quand elle disait ça, au début, je ne savais pas trop quoi en penser, mais maintenant que je la connais, je sais que c'est plutôt bon signe. Mon père m'explique comment je dois faire ma présentation :

— Dans une approche commerciale, tu dois d'abord répondre à la demande qui t'a été faite, il faut qu'il voie que tu as écouté ses attentes, cerné ses besoins. Ensuite, tu peux envisager d'aller au-delà dans ta proposition.

Puis vient le moment tant attendu : le PDG de Saint James arrive dans mon atelier ! Il vient voir ce que donnent mes projets de marinières. Je suis fébrile, j'ai l'estomac noué. Je ne sais pas du tout ce qu'il va pouvoir penser de ce que j'ai fait. Je le reçois dans la salle de réunion. Mon équipe familiale est présente, comme d'habitude. Nous nous installons autour de la table. J'offre le café à ceux qui en veulent. Je commence à prendre la parole et lui montre ce pour quoi il est venu :

— Je vous présente les marinières : neuf modèles pour homme et autant pour femme.

Je sors mes dessins et les pose devant lui. Il les regarde. Commente chacun des modèles, me demande des explications pour certains. Forcément, il a déjà ses préférences. Je lui dis :

— J'ai autre chose à vous montrer. J'ai imaginé ce que, selon moi, une collection Saint James pourrait être. Venez voir !

Nous passons dans mon atelier, où j'ai étalé sur ma grande table de coupe toutes les feuilles de dessin A4. Le reste des quatre-vingt-un modèles, étalés les uns à côté des autres, qui recouvrent l'intégralité de la surface.

Un grand silence. C'est bien ou pas bien… Paradoxalement, le silence, là, m'inquiète plutôt. Je ne sais pas comment l'interpréter. Il regarde, l'index posé sur sa bouche, l'air pensif. Et il commence :

— Ça, j'aime bien. Ça, j'aime aussi.

Et ça dure un moment :

— J'aime bien aussi... ça...

Il hoche la tête et me dit :

— Bon, écoute… c'est plutôt pas mal. En fait, j'aime bien plusieurs de tes dessins. Mais je ne suis pas décisionnaire sur le choix des modèles. J'ai toute une équipe qui travaille pour ça. Je vais en parler à ma directrice de collection : c'est elle et son staff qui en décideront. En concertation avec eux, nous verrons jusqu'où nous pouvons aller ensemble.

Il ne m'en dit pas plus. Et je ne sais toujours pas ce qui va se passer, et si même quelque chose se passera. Il repart en me disant qu'on se reverra et qu'il nous tiendra informés d'une date pour une prochaine rencontre dans ses locaux.

En juin 2017 a lieu la rencontre avec la directrice de collection et son équipe. C'est un grand oral à l'issue duquel ils décideront si l'on travaille ensemble ou non. Je prends la parole devant trois personnes et présente mes modèles l'un après l'autre en expliquant ma démarche. Puis vient le temps des échanges. Le temps des explications de style. Chacun réfléchit en fonction de son objectif : une collection cohérente pour les uns, tandis que d'autres sont déjà en train d'estimer les coûts de fabrication pour savoir si cela peut passer en production industrielle… Dans ces réunions, il y a toujours autant d'avis que de personnes, c'est normal. Le grand patron est dans les locaux ce jour-là et passe nous voir pour donner son avis sur ce qu'il aime, ce qui lui plaît. Toute l'équipe tombe d'accord sur quatre de mes dessins. Des modèles qui sortent du lot, de façon unanime, et qui sont finalement sélectionnés. Quatre vêtements dont nous allons assurer la fabrication d'un prototype. C'est un pas de plus. Il y aura notamment la cape, et la robe de mariée pour leur prochaine présentation de collection. Je n'ai pas l'habitude de travailler la maille. Jusque-là, j'ai travaillé tous mes modèles en tissu, ce que l'on appelle dans notre jargon le « chaîne et trame ». La maille, c'est particulier. Elle vit, se déforme à l'étirement ou avec son propre poids. Le tricot doit être arrêté sinon un seul fil tiré et tout le morceau se défait. Pour moi, c'est un nouvel exercice. Des techniques que je ne connais pas encore, et des contraintes de fabrication à découvrir. C'est une vraie particularité, un savoir-faire propre.

J'échange avec leurs équipes pour déterminer la qualité de la matière. Simple fil, double fil, points de tricot… Les coloris de fils en fonction de leur composition : écru, marine, écume, navy… Tout est nouveau et passionnant.

À partir de pans de tricot fournis au mètre par la marque, nous nous attelons à l'atelier à donner vie d'abord à la robe de mariée par technique de moulage sur mon mannequin buste. Nous procédons par demi-patron, ajustons la robe bustier, calculons le nombre de pans nécessaires à partir de la taille pour former le bas de robe, fournissons les patrons avec les annotations nécessaires sur chaque pièce en précisant s'il s'agit de tricot uni ou avec la rayure emblématique de la marque. Le patronage part en tricotage dans leurs ateliers, nous nous chargerons de la confection à la réception des pièces. Ce modèle unique sur mesure cent pour cent laine va nous demander plus d'une cinquantaine d'heures de montage. C'est plus rapide à dessiner qu'à faire !

Puis, nous passons au prototype de la cape pour femme qui reprend elle aussi le motif historique de la marinière. J'échange avec les équipes pour déterminer la tenue de cette pièce et décider de l'épaisseur du tricot correspondant, des largeurs de rayures pour respecter le rendu de mon croquis. Le choix se porte sur un lainage plus épais, qui a du maintien. Ce qui me paraissait simple va finalement s'avérer techniquement assez compliqué à réaliser : comment s'assurer que les lignes horizontales continuent à être à l'horizontale sur ma manche raglan telle que je l'ai dessinée ? C'est facile à dessiner, beaucoup plus complexe à réaliser. Je veux y arriver. Je cherche toutes les solutions possibles. J'y travaille jusque très tard parce que le temps avance et que j'ai un planning à respecter pour rendre mon travail. Je découds, redécoupe pour changer mes lignes et faire en sorte qu'elles se correspondent entre elles, je recouds. À force d'insister, de recommencer, faire et refaire, je trouve enfin ! Je réussis à livrer mon prototype à l'heure. J'ai respecté mes engagements.

Avec cette marque, j'ai eu un travail de collaboration enrichissant, une vraie rencontre technique, des pas que nous avons faits les uns vers les autres en fonction de nos compétences, tournés vers un objectif commun. J'aime aussi mon métier de styliste quand il s'agit de se plier au cahier des charges d'une autre marque. L'exercice est différent, je ne suis plus dans la création pure, mais il est intellectuellement stimulant et enrichissant.

En novembre 2017, l'activité continue avec notre participation au Salon Made in France à Paris. La Normandie y est à l'honneur et je fais partie des entreprises de la région qui ont un savoir-faire, de fabrication cent pour cent française, à montrer !

Pendant trois jours, nous exposons mes dernières réalisations, et notamment les prototypes que j'ai réalisés pour Saint James, qui ont leur stand adossé au mien. Les commentaires sont très positifs et les retombées de ce salon ouvrent des perspectives d'avenir. De nombreux contacts en tout genre, comme toujours dans les salons, notamment des sollicitations de développement de business à l'étranger. Je suis invité à la conférence de presse du pavillon Normandie, tous les acteurs économiques présents y sont réunis pour marquer l'événement. Je profite des moments partagés avec le PDG sur le salon pour le remercier. Je lui dis à quel point j'ai eu plaisir à me sentir soutenu et quelle importance cela représente pour moi, qui suis au tout début de ma vie professionnelle. Nous partageons les mêmes valeurs et sommes heureux de pouvoir travailler ensemble.

Nous nous revoyons le 4 décembre, je suis invité à assister au défilé de sa marque pour une présentation aux acheteurs internationaux des boutiques Saint James. L'événement se tient dans un ancien relais de diligences de Saint-Brice-en-Coglès, entre Rennes et Avranches. Au programme, la présentation de leur collection automne-hiver 2018. Et une surprise annoncée.

À la fin du défilé, mes créations. Un costume

trois pièces pour homme, la cape pour femme et, surtout, la robe de mariée dont la jupe à volumes géométriques se transforme d'un coup en robe fourreau, cent vingt boutons, épaules apparentes. Le public commence à réagir à ma cape avec des « Waouh ! » et quelques applaudissements alors qu'ils étaient restés assez discrets jusque-là. Suit le costume pour homme, et je ressens leurs francs applaudissements au passage final de la robe de mariée, comme une ovation. On n'est certes plus dans la marinière, mais on est encore dans le tricot cent pour cent laine, et cela leur parle : les fondamentaux de la marque Saint James sont revisités. J'ai gardé leur esprit et j'y ai apporté ma touche tout en restant fidèle aux traditions. J'avais un curseur à ne pas dépasser pour réussir la synthèse entre nos univers. Résultat, cette alchimie fonctionne et, manifestement, les séduit.

Personne ne sait que je suis là, ni que je suis l'auteur de ces créations. Le PDG monte sur le podium, fait son discours de fin de présentation et de remerciements, puis m'invite à le rejoindre. Il me présente :

— Voilà, les quatre derniers modèles que vous venez de voir ont été créés par Romain Brifault. Alors, Romain est autiste...

Là, il y a un gros blanc, un silence pesant dans la salle… Je sais que le chemin va être long avant que les gens s'imaginent autre chose qu'un enfant mutique, incapable de communiquer avec les autres… Il explique que je suis celui qui a fait ce travail, qu'il est très content de cette collaboration.

Et là, d'instinct, je prends le micro de ses mains pour dire quelques mots. Ce n'est pas prévu, mais cela me semble naturel. Il faut que je fasse tomber l'image cliché de l'autisme. Je renvoie l'image d'un jeune cadre dynamique avec mon costume bien taillé. Je me comporte de manière appropriée et je vais m'exprimer... Lui est surpris par mon culot, je vois sa réaction. Il marque un tout petit mouvement de recul. Je pense que personne, sans doute, ne se permettrait jamais de l'interrompre dans ce contexte. À la réflexion, ce n'est peut-être pas très poli, c'est même sans doute gênant maintenant que j'analyse la situation. En tout cas, à ce moment-là, je ne respecte pas les codes sociaux en vigueur. Je prends la parole :

— Je tiens à remercier toute l'équipe avec laquelle j'ai collaboré...

Je fais ça très bien. Nickel. Pas un mot de travers. Et je remercie le PDG pour sa confiance. C'est synthétique et sincère.

Mais je ne pouvais pas rester sur la scène sans rien dire et redescendre sans avoir remercié. C'était impossible. J'avais besoin de faire comprendre à tous ces acheteurs internationaux, ces commerciaux de la marque ainsi qu'à l'ensemble des collaborateurs présents que je suis autiste, certes, mais je parle et je travaille.

Plusieurs représentants viennent me saluer au cocktail qui suit l'événement. Ceux du Canada et des États-Unis notamment sont emballés par mes modèles. Le PDG a l'idée de présenter la robe de mariée dans les vitrines de ses plus grandes boutiques : Paris, New York, Las Vegas... Les choses s'enchaînent d'elles-mêmes avec une facilité incroyable. Du coup, il nous en commande une deuxième pour qu'il y en ait dans deux endroits simultanément.

La robe de mariée a d'ailleurs un tel succès qu'elle sera au catalogue de la marque automne-hiver 2018, avec une double page Saint James et fabrication Ateliers Romain Brifault. Mon nom apparaît à côté du leur. C'est un sentiment de fierté. Pas de prétention, ni de grosse tête. Je sais trop ce que je suis et combien j'ai besoin de mon équipe pour faire tout cela. Mais justement un sentiment de fierté de pouvoir leur dire, à travers ce début de réussite, combien je suis fier du travail accompli ensemble. Partout dans le monde, on pourra commander la robe de mariée à partir de septembre 2018. Elle sera fabriquée dans mon atelier en Normandie, aux mesures de la cliente prises dans les boutiques Saint James. Est-ce qu'il y aura beaucoup de commandes ou pas ? Comment les choses vont-elles se passer ? Nous sommes à un moment de l'histoire où nous ne le savons pas encore. Les choses commencent tout juste à s'écrire.

24

L'avenir

Les collaborations se poursuivent et de nouvelles opportunités s'ouvrent. Une page de mon histoire semble se tourner sur l'international. Je suis sollicité par des concept stores à l'étranger, où une clientèle d'Américains et de Chinois est attirée par les créateurs français. Nous sommes sur la bonne voie, un peu comme si toutes les pièces du puzzle trouvaient leur place simultanément. La mode sans différence que j'appelle de mes vœux est à ma portée et sera une de mes plus belles réussites, si ma vision du monde n'est pas trop avant-gardiste et que j'arrive à convaincre les investisseurs de me suivre.

Mais, quoi qu'il arrive, je suis riche des épreuves traversées et de ma propre différence. Il me reste encore beaucoup de pages à écrire. Je suis bien entouré pour y parvenir. Je compte m'y consacrer entièrement, avec la même détermination et la même volonté qui m'ont animé pour en arriver là.

L'avenir, c'est aujourd'hui.

Remerciements

Sur le chemin de la vie, il y a des rencontres qui façonnent votre destin… Celle avec mes parents est sans aucun doute la plus jolie d'entre elles.

Je leur dois non seulement de m'avoir donné la vie, mais aussi de m'avoir accompagné et soutenu avec beaucoup d'amour malgré les difficultés. Ils m'ont aussi apporté le plus beau des cadeaux – même si souvent j'aurais préféré garder maman pour moi tout seul –, celui d'avoir à mes côtés les frères extraordinaires que j'ai : Alexandre, Théo et Mathis. Vous êtes mes repères, mon ancrage.

J'ai beaucoup évoqué mes grands-parents maternels et je voudrais remercier ici tous ceux dont je n'ai pas parlé dans mon livre et dont je suis fier. Ma très nombreuse famille, du côté de maman comme du côté de papa, m'est essentielle : tous différents et tellement riches de ce qu'ils sont.

Et puis, la chance de rencontrer tous les autres avec qui j'ai tissé des liens au fil de mon histoire. Quelques-uns sont cités dans ces pages, d'autres que vous ne connaissez pas et qui font de moi ce que je suis aujourd'hui :

Pierre, Philippe, Étienne-Henri, Annette et Céline pour leur accompagnement ;

Gilles, Simon, Éléonore, Yvan, Jeanique, Françoise, Annie et Jean-François ; Myriam, Caroline, Jacqueline, Corinne pour leur enseignement ;

Émilie, Jean-Sébastien, Nicolas, Pauline, Clara, Laure, Karine, Hugo et Isabelle pour leur amitié ;

Léo, Séverine, Marie-Pierre, Marie-Françoise, Brigitte, Aurélien, Jean-Marie, Sylvie, Mauricette, Stéphanie, Eugénie, Ericka, Fabien et Luc pour leur soutien ;

Christian, Gérard, Nicolas, Thierry, Anne-Cécile, Fabienne et Sébastien pour leur bienveillance.

Sans oublier les femmes que j'habille et qui m'honorent de leur confiance.

Je vous remercie infiniment de m'avoir aidé à construire ce qui me manquait : un destin sur mesure.

Dites-moi d'où je viens

PHILIPPE SARRAN

Philippe apprend à l'âge de six ans qu'il est « né sous X » et a été adopté. Même s'il est très heureux dans sa famille adoptive, il n'a qu'une idée en tête : connaître cette mère qui l'a abandonné comme un moins que rien et l'a donné aux services sociaux un matin d'avril 1967. La quête de ses origines devient obsessionnelle et, après une adolescence difficile, il va y consacrer près de dix ans. Un véritable parcours du combattant face à une administration française méprisante, qui n'a aucune compassion pour les enfants adoptés et ne leur reconnaît aucun droit. Philippe raconte ce douloureux travail d'enquête qui lui permettra finalement de retrouver la trace de sa mère biologique. Il va surtout découvrir quelque chose qui va l'apaiser et le réconcilier avec son histoire : les liens du cœur sont plus essentiels que les liens du sang.

Le témoignage courageux et émouvant d'un enfant face au mur de l'adoption.

city-editions.com

Achevé d'imprimer en septembre 2018
sur les presses de la Nouvelle Imprimerie Laballery
58500 Clamecy
Dépôt légal : octobre 2018
N° d'impression : 809182

Imprimé en France

La **N**ouvelle **I**mprimerie **L**aballery est titulaire de la marque Imprim'Vert®